名人　名作　名物

——2017年“8+”名人故居纪念馆活动纪实

“8+”名人故居纪念馆　编著

中国社会科学出版社

图书在版编目（CIP）数据

名人　名作　名物：2017年“8+”名人故居纪念馆活动纪实/“8+”名人故居纪念馆编著.—北京：中国社会科学出版社，2018.4

ISBN 978-7-5203-2289-8

Ⅰ.①名…　Ⅱ.①8…　Ⅲ.①名人—故居—介绍—北京—2017　Ⅳ.①K878.2

中国版本图书馆CIP数据核字（2018）第065192号

出 版 人　赵剑英
责任编辑　郑　彤
责任校对　周　昊
责任印制　李寡寡

出　　版　中国社会科学出版社
社　　址　北京鼓楼西大街甲158号
邮　　编　100720
网　　址　http://www.csspw.cn
发 行 部　010-84083685
门 市 部　010-84029450
经　　销　新华书店及其他书店

印　　刷　北京君升印刷有限公司
装　　订　廊坊市广阳区广增装订厂
版　　次　2018年4月第1版
印　　次　2018年4月第1次印刷

开　　本　710×1000　1/16
印　　张　15.75
字　　数　223千字
定　　价　68.00元

编 委 会

目　录

● 影像手札

● 走进故居

● 志愿之声

● 经典案例

● 文创天地

● 资讯动态

从“八家”到“8 +” 牵手走过18年
（代前言）

赵笑洁 张 勇

在北京的博物馆系统中，活跃着一支被称为“乌兰牧骑”的“红色文化工作队”，它就是北京八家名人故居纪念馆联盟。这支文化宣传的“轻骑军”组建于2000年，以宋庆龄故居、北京鲁迅博物馆、郭沫若纪念馆、茅盾故居、老舍纪念馆、徐悲鸿纪念馆和梅兰芳纪念馆等为代表的北京八家名人故居纪念馆，从此开始联合举办活动，承办展览，尝试着每年用一个时代主题，借助八位中国近现代历史文化名人的生平事迹和所取得的成就，多方位、多角度地宣传中国近现代史上优秀代表人物的精神风貌，宣传中国近现代文化名人的民族精神，凸显他们在中国社会变革时期所特有的人格魅力，从而展现中华民族独有的精神内涵和文化价值。

经过近18年的风雨历程，北京八家名人故居纪念馆（下文简称“八家”）的合作已经初具规模，虽然期间有过成员的更迭交替，虽然各成员的隶属关系不同，但“八家”克服了前进道路上的各种困难。随着李四光纪念馆、詹天佑纪念馆的先后加盟，以及与京津冀、外省市名人故居纪念馆的广泛合作，目前已成功转型为“8 +”，由此形成了更加灵活、开放共存的地域博物馆联合体。

一　面向青少年观众，开展特色活动

青少年是祖国的花朵和未来，关系着国家、民族的前途和命运。18年来，为了促进青少年健康成长，名人故居纪念馆联盟作为爱国主义教育基地，积极开展契合青少年特征的公益活动。

时间追溯到2000年，正值世纪之交。当人们都在讨论把什么样的精神带入新世纪的时候，由宋庆龄故居、北京鲁迅博物馆、郭沫若纪念馆、茅盾故居、老舍纪念馆、徐悲鸿纪念馆、梅兰芳纪念馆七家名人故居纪念馆发起成立了名人故居纪念馆联盟，旨在整合资源，优势互补，搭建平台，共同发展。联盟成立后，第一个联展“世纪名人万里行”就是面向中小学生。2000年5月17日，在宋庆龄故居举行了隆重的展览出发仪式。名人后代周海婴、沈韦韬、梅葆玖、舒济、郭平英与200余名青少年齐聚现场，参加了展览出发式。梅葆玖先生动情地说，今天为展览“送行”，日后还要为展览“接风”。可是展览一站接一站，每年一个主题，一走就是18年，所以至今未能“接风”。

在展览走进中小学活动中，最难忘的应该是在河北定州市廉台小学举办的文化扶贫活动。2005年4月12日，“世纪名人万里行”展览捐赠仪式在此举行。一大早我们就来到了学校，学校是一排排的红砖平房，整洁但却显得有些简陋。此时正是上课时间，朗朗的读书声从破旧的窗户中传出。当我们走进了一间正在上课的教室。同学们看到我们虽然有些好奇，但还是继续埋头看书。教室里的一些窗户已经没有玻璃，用砖头砌了起来，歪歪扭扭挂着几个看不出颜色的窗帘，课桌椅参差不齐，显得非常破旧。校长又领着我们看了所谓的图书室，一排靠墙的书架上零散地摆放了几摞书，与其说是书，其实更像一些看不清名字的小册子，此情此景实在令人心酸。

下课铃响了，学生们一下子就冲到展览前，把我们的讲解人员团团围住，有的同学挤不进来还拼命地往里挤。老师告诉我们，这是孩子们第一次见到展览，所以感觉非常新鲜。每当活动的一个环节完毕，老师就喊一句“鼓掌”，同学们就整齐地鼓起掌来。捐赠仪式一结束，孩子们又把我们的讲解人员团团围住，生怕听不到讲解。回到北京没几天，我们就收到了校长寄来的感谢信和捐赠目录。学校没有复印机，捐赠目录据说是校长找人用晒图机洗印出来的。

主题展览在中小学，包括打工子弟小学、少年管教所中进行巡展，这已成为18年来的“保留项目”，尽管期间各馆领导、人员均有变更，名人故居纪念馆联盟“庄主”更替，去学校展览却从未间断过。

二　整合博物馆教育资源，加强馆际之间合作

“8 +”名人故居纪念馆牵手走到今天，工作人员充分感受到了博物馆大家庭的温暖。这中间有“8 +”之间的情谊，更有来自博物馆同行的支持。从“八家”到“8 +”，从北京的“八家”到泰州梅兰芳纪念馆、乐山郭沫若纪念馆、重庆郭沫若纪念馆、桐乡乌镇茅盾故居；从宁波天一阁博物馆、宁波博物馆、慈溪博物馆、北仑博物馆、镇海口海防历史纪念馆、潘天寿书画馆、溪口博物馆，到中国妇女儿童博物馆、北京京郊的平谷上宅博物馆、延庆博物馆、门头沟博物馆、周口店猿人遗址博物馆；从京津冀名人故居纪念馆联盟的成立，到与“北京高校博物馆联盟”的合作以及与青岛梁启超故居、广东红线女艺术中心的广泛而深入的合作，“8 +”名人故居纪念馆充分借助了博物馆的宣传教育优势，把深入开展群众性爱国主义教育活动持续开展了下去。

规模较大的合作展览活动，除了2009年北京“八家”对宁波“八馆”的“文化名人与新中国”巡展、讲座和读者见面会之外，还有2012年“5·18国际博物馆日”期间，由中国艺术研究院、中共北京市委宣传部、北京市文物局、泰州市委宣传部联合主办，北京八家名人

故居、泰州市凤城河风景区管委会、泰州市文广新局承办，在泰州市望海楼景区举行的“2012 年北京 8 大名人故居联合展览泰州巡展”开幕式。这次泰州巡展集中展示了八位文化名人的珍贵史料、文物及实物展品 70 余件，展板 65 块，还有 500 多幅珍贵文献图片，另外还有名人真迹展品 30 余件。展品包括毛泽东、周恩来致宋庆龄北上参加建国的邀请信，李大钊讲授“唯物史观”课程所编写的讲义，老舍、鲁迅的写作手稿，郭沫若、徐悲鸿、梅兰芳的书画作品，茅盾的中国作协会员证、用过的铜制墨盒等。巡展开幕当天就吸引了近千名观众前来参观。有的参观者表示，这次北京八大名人故居到泰州集体联展，能够让观众看到内容丰富的展览，给当地市民提供了一个难得的机会，很受教育。当时，泰州市电视台、报社等多家新闻媒体都进行了翔实的宣传报道，产生了广泛的社会影响。

三　中华名人的世界，世界的中华名人

“8 +”所涉及的名人有革命家、文学家、科学家、艺术家和百科全书式的文化巨匠，尽管他们的职业不同，领域不同，个性不同，但他们都融中外，通古今，并且为国家和民族做出了特殊贡献，是产生过巨大影响的历史人物。他们中有的为世界和平奔波在世界舞台，有的把外国的先进思想、技术和优秀作品引入中国；他们的成就和作品也同样成为世界人民所关注和热爱，是全人类的共同财富。

18 年来，“中华名人展”先后应邀在亚洲、非洲、欧洲、美洲、澳洲的十余个国家展出，并且通过开展讲座、学术研讨、文化交流等活动，加强了与国外大学、博物馆以及文化机构的深度合作和教育宣传，促进了民族之间、国家之间的了解和友谊，也扩大了名人故居纪念馆在海外的影响力，为讲好中国故事、传播中华文明做出了贡献。

从历史文化名人入手了解一个民族是最快捷的方式之一。近几年，

在国家“一带一路”倡议下，“8+”名人故居纪念馆联盟抓住机遇，把展览内容融入“一带一路”，陆续在巴基斯坦、土耳其、肯尼亚、埃及等国举办展览。

当地时间2013年11月12日下午，位于伊斯兰堡的巴基斯坦自然历史博物馆举办隆重的“中华名人展”开幕式。中国驻巴基斯坦大使孙卫东、巴基斯坦科学技术部部长扎哈德·哈马德、巴基斯坦信息广播及自然遗产部常务秘书拉兹尔·萨义德等政府代表以及当地的华人华商、留学生以及巴基斯坦各界人士200余人出席了开幕式。为了确保开幕式的顺利进行，巴方派出了数十名警察，荷枪实弹，把露天会场团团包围。除了这次展览有这么多警察护卫之外，巴基斯坦之行还创造了八馆海外巡展的两个第一次。讲解第一次由中国驻巴基斯坦大使孙卫东亲自担任，孙大使儒雅的气质、渊博的学识、流利的英语，给人留下了良好的印象；八馆代表团无论走到哪儿，都被热情的巴基斯坦人民包围、拍照，受到了国宾级待遇，这种两国人民之间真正友谊的深切感受，对每一位代表团成员来讲都是第一次。

总之，通过展览，传递了文明古国和现当代文化进程的信息；通过展览，打造互利共赢、和平发展的理念；通过展览，加强了中外博物馆的相互交流和学习，开阔了视野，增加了创新的理念。

四 文化名人进高校，弘扬民族精神

大学是培养高级人才的摇篮，融知识传授和学术研究为一体。在大学生的课程学习和日常认知中，对中国现代社会的历史转变和社会变革的关注程度较之其他人群更高，并投入较多的思考。大学生群体不同于社会上一般的观众，他们接受过系统的学校教育，对于历史和社会有着自己独立的思考和认知，因此，简单泛泛的宣传展示肯定不会收到好的效果，甚至可能适得其反。

“8 +”名人故居纪念馆展览所展示的主体，是对中国现代社会历史进程产生深刻影响的一批伟人。以宋庆龄、李大钊、鲁迅、郭沫若、老舍、茅盾、徐悲鸿和梅兰芳为代表的近现代中国历史上的著名人物，他们身上有着深厚的文化内涵和人文底蕴，是中国传统人文精神的集中体现，在他们身上永远散发着激励国民前进的“正能量”。他们的生活轨迹不但记录下近现代中国民族奋斗的历史，同时也展现出铭刻于内心的传统美德。他们就像一部巨著，无言地书写着我们这个东方古国走过的漫长的文化历程；他们也是一座灯塔，用自己的人格魅力诠释着中华民族伟大复兴的梦想。

从这一点来讲，“8 +”名人故居纪念馆展览所展示的内在主题，与大学生们的关注点具有内在的一致性，因此，“8 +”名人故居将党中央的宣传与8个名人的文化内涵相融合，用旗帜鲜明的主题展示中华民族优秀的文化传承和情感寓意。比如2005年“传承先进文化，追寻世纪名人——纪念中国人民抗日战争胜利60周年暨文化名人进校园”展览，2009年“穿越时空——‘五四’文化名人事迹展”等系列展览，无不刻上了鲜明的时代烙印，将抽象的时代宣传口号具体为一幅幅图片、一件件实物，通过这种近距离的展示，给大学生们以身临其境的感受，使他们接受起来更加主动。

2015年11月27日，北京鲁迅博物馆常务副馆长黄乔生研究员为三峡学院的师生做了题为《抗战版画与民族精神——从鲁迅倡导新兴木刻说起》的学术讲座，他从北京鲁迅博物馆馆藏的鲁迅木刻讲起，阐述了木刻与鲁迅的文学创作、抗战情怀。讲完后，学生纷纷向黄馆长请教有关鲁迅版画收藏的各种问题，并且表示，以可见可感的实物作为学习鲁迅的切入点，对他们来讲还是第一次，这使他们对鲁迅的认识摆脱了以往教材上的生硬形象，一个活生生的鲁迅展现在他们面前。

借助于丰富多彩的展览方式和手段，“8 +”名人故居全国高校巡展活动将中华优秀传统文化和民族精神传递给大学学子，使他们砥砺前行，励志图强。

五 借力各级政府，普及大众文化

从“八家”到“8+”，北京文化名人故居纪念馆联盟在中共北京市委宣传部、北京市文物局、北京博物馆学会、首都博物馆联盟以及中共北京西城区委宣传部的大力支持下，形成了独具特色的文化品牌。特别是每年结合党中央和“5·18国际博物馆日”的宣传主题，旗帜鲜明地推出展览和系列文化活动，因此被社会各界誉为“博物馆界的乌兰牧骑”。

服务地方政府，回馈社会各界，是“8+”文化名人故居文化活动的出发点。2016年6月22日，“文化名人与民族精神”展览开幕式在广西壮族自治区贺州市举行。此次展览突破了以往单纯以展板展示的展览形式，举办了“中国文化名人民族精神与贺州建设文化强市座谈会”。在座谈会上，文化名人故居代表团的各位代表以各自工作的实践经验为贺州市的文化发展献言献策，实现了党和政府提出的文化服务地方的方针和策略。

文化普及性讲座也是向地方观众传播文化精神、提升当地文化水平的重要途径。在贺州八家文化名人故居举办的巡展活动中，就与贺州市政协联合举办了“抗战时期郭沫若的文化情怀及启示”的学术讲座，贺州市各级干部和贺州学院的学生300余人参加了此次文化活动。在讲座开始之前，到场的观众普遍不太清楚郭沫若是谁，他和贺州有什么关系。通过报告人的阐述，他们在讲座结束后议论，原来郭沫若的夫人于立群是贺州人，郭沫若原来是我们贺州的女婿，他与贺州竟然有着千丝万缕的关联。报告会后，贺州当地的媒体纷纷以“贺州女婿——郭沫若的民族情怀”为题做了相关报道。

从“八家”到“8+”，北京现代文化名人故居多年来与各级地方政府合作，通过各种各样的文化活动，既丰富了地方的社会文化生活，又增强了各地文化的协同发展。

六　出版学术读物，提升品牌实力

从“八家”到“8＋”的转型，除了在外在形式的变化外，强化内在文化品牌的塑造和提升也是其重要的步骤和方法。借助学术读物的编撰和出版，是“8＋”名人故居纪念馆进入学术领域的重要举措。

在北京八家名人故居牵手15年之际，各馆通力合作，编撰出版了《大家风范　中国精神——北京八家名人故居联合活动十五年》一书，该书既是八家名人故居出版的第一部正式公开发行的文化读本，也是“八家”向“8＋”转型的重要文化坐标。此书出版之后，“八家”又陆续推出了《文化名人与民族精神——2015年北京八家名人故居纪念馆活动纪实》《文化读本之一：时代之音——读名家名言　听文物故事》等4本书。书中既有博物馆理论的前沿探析，也有社会各界对文化名人故居的亲身感受，还有对历史名人文化内涵的深入阐释，通过丰富的栏目编排和多元的场景再现，真实地记录着从“八家”到“8＋”的成长足迹。

《文化名人与文化景观——2016年北京八家名人故居纪念馆活动纪实》突破了传统出版物编排的藩篱，将学术性与可读性融为一体。特别是“漫说八馆”栏目，首次以漫画的形式，从全新的视角展示了八家文化名人故居在当下社会中的文化元素，通过卡通绘画勾勒出八家文化名人故居的建筑形制、文物藏品、人文景观等方方面面，使八家名人故居更加具有亲和力和感召力，也实现了文化名人博物馆受众群体的多元化和综合化。

文化读物的出版发行，使更多的社会读者和观众群体走进文化名人故居，参与到名人故居的文化建设中，打破了以往“八家”封闭的运转模式，并且为向“8＋”的转变提供了文化上的支撑和理论上的准备。

18年来，北京八家名人故居联盟实现了从“八家”到“8＋”的转变，这并非只是名字的变更，我们要以更加翔实的历史图景展示，更加多样的文化宣传形式，贯彻落实习近平总书记在党的十九大报告提出的“讲好中国故事，展现真实、立体、全面的中国”的要求。

（作者赵笑洁为郭沫若纪念馆馆长，
张勇为郭沫若纪念馆研究员）

理论前沿

名人故居纪念馆新时代文化传承的思考

田家馨

随着我国文物事业的大发展、大繁荣，博物馆已形成较完善的文博体系。作为博物馆类别的一个分支，名人故居纪念馆逐渐得到各级政府的高度重视，地方人文资料也得到了及时挖掘、整理，故居、遗址等设施得到了有效保护。目前，各层级、各规模、各主题、各类型的名人故居纪念馆已如雨后春笋，遍布全国，在文化传承方面发挥了积极作用，产生了深远的社会影响。

一　名人故居纪念馆对历史文化传承作用愈加明显

1. 人文历史得到充分挖掘

名人故居纪念馆是为在某一地方、某一领域占有一席之地的显赫人物而设，或生于斯、长于斯、扬名于斯，或生长于斯而扬名于外，显示出特有的专题性和地缘性。设立故居纪念馆有利于名人文化传承，促进地方政府带动地域社会文化、经济、政治等领域发展。

从人物历史地位来看，故居纪念馆大致分为三类：一是中国当代革命史上名人住过的宅院，如毛泽东故居、李大钊故居等伟人纪念馆；二是近代和当代的文化名人居住过或者在此去世的旧居，如北京的郭沫若故居、鲁迅故居、茅盾故居、老舍故居、梅兰芳故居，天津的李叔同故居、梁启超故居等文化名人居住过的地方；三是历史名人宅邸和花园院落，如北京的恭王府，天津的庆王府、少帅府等宅院。这些故居已经突破了可供凭吊的时空界限。深入挖掘名人文化的目的，就是通过对本地历史名人有意识地宣传和弘扬，形成一种强大而持久的教化作用，进而传承民族优秀文化传统。

2. 提振地方文化声誉

名人故居承载着名人的历史和声誉，也承载着与名人休戚相关的乡土情怀。挖掘并利用好名人故居这一载体，可以让纪念馆拥有持久的生命力，不至于昙花一现。做好民族文化的传承，是我们纪念馆人的职责所在。

历史名人与文化传承有着密不可分的关联，各地纪念馆都把对自己名人的文化弘扬作为开展教育活动、弘扬民族精神、激发学生爱国情感的一个法宝和工作的目标追求。工作内容有的是对文化内涵的挖掘，有的是对外在表象的反映，还有的是不同方位的展示。作为一个地方的文化名片，名人故居镌刻着时代的痕迹，反映着时代的文化兴衰，延续着人文精神的生命力。名人文化要健康地传承和延续下去，在于我们如何去把握方向。铭记的是历史，述说的是正能量，警醒的是当代人，惠及的是后代子孙。

3. 以点带面推动文化发展

名人故居的不断开发与利用，为文化传承提供了新的空间和载体。各地发挥名人效应，提升了地域的文化品位，展示了人文风采。各级政府对此也给予高度重视，改建、扩建了故居设施，以文化拉动经济，营造投资环境。

譬如天津的“五大道”地区，是近代名人故居集中地，有名人故居300多处，仅睦南道2公里长的道路两侧，就有风貌建筑74幢、名人故居22处、市级文物保护单位4处。2013年3月，五大道近代建筑群被批准为第七批全国重点文物保护单位。“五大道”地区作为近现代天津历史的一个缩影，蕴藏着丰富的文化内涵，每幢建筑都有着自己独特的故事，充分展现了近代中国的百年风云。故居旧宅摆在那里，永远是死的东西。要让它活起来，动起来，热起来，才能便于保护和挖掘、利用和弘扬。

4. 人文历史传承渐成体系

名人故居纪念馆发展势头强劲，虽然有些还停留在较为低级的管理层面上，但总体来看，大多数在管理上还比较规范。从单独的故居到纪念馆，在管理上有更为复杂的规范和流程。有的作为事业单位而存在，成为社会对外服务的公益窗口；有的在人员上充实了专业队伍，吸纳大量管理人才，在档案搜集、文物征集上加强了力量，加大了协调，突出了主题，强化了宣传，形成了一定的社会影响。例如，在天津“五大道”地区，就有民国大总统曹锟、民国大总统徐世昌以及北洋内阁6位总理、美国第31任总统胡佛、美国国务卿马歇尔等上百位中外名人居住地，2011年，天津市政府把它列为历史文化街区，对其进行了统一开发和规范管理。

目前，“五大道”地区已经成为故居名宅的靓丽品牌和国际性的观光旅游带，日接待游客数以千计，产生了可观的经济效益和社会效益。不少纪念馆也都在利用名人的影响力，以整体保护、综合利用的新理念，拓展名人故居的利用空间，丰富展览陈列内容，发挥整体效益，走出一条有效保护、合理利用名人故居的新路子，成为宣传地方文化“金名片”。

5. 切实营造历史文化传承氛围

名人故居纪念馆积极开展形式多样的文化活动，充分发挥爱国主义教育基地作用，弘扬了优秀文化，也提振着地方的文化声誉。

例如李叔同故居纪念馆，为使李叔同的人文精神在青少年中得到传承，纪念馆携《海河之子——李叔同与天津》和《自律创新爱国——李叔同的人格精神》展览及宣讲团走进本市各中、小学校，与学校签订弘扬中华传统文化的馆校共建协议。李叔同纪念馆不仅派美育教师深入学校，开展国学进课堂等文化体验活动，还邀请师生来馆参观，亲身感受传统文化，使青少年了解大师卓越的文化贡献和崇高的道德情操，提升李叔同在青少年中的关注度与影响力，使大师的光辉形象在人们心中永存，借此向社会传递正能量。

二　坚持文化传承是维系生命力的关键

名人故居纪念馆的发展总体上是健康规范的，传承了历史文化、名人文化，弘扬了人文精神，也带动和促进了当地社会政治、经济和文化发展。但名人故居纪念馆整体发展表现出不平衡，为数不少的故居纪念馆或改旗易帜，或多种经营，或面目全非，故居纪念馆发展现状堪忧。主要表现在以下几个方面。

1. 个别纪念馆面临生死存亡，与地方城市发展存在地域冲突

由于城市迅猛发展，个别地方政府大搞形象工程，大破大立，大拆大建，在统一的规划拆迁中，没有将故居纪念馆纳入城市总体发展的保护规划，使得少数名人故居面临被强拆的厄运，“法人违法”现象比较普遍。全民文物保护意识有待提升，纪念馆命运堪忧的状况亟待引起各方高度重视。

大家熟知的北京梁思成林徽因故居，就于 2012 年被强行拆除，毁于一旦。这仅是典型案例，但与之类似的文保单位被强拆、强占和损坏的现象很多，由此产生的后果是无法用金钱挽回的，其所造成的损失也是不可估量的。

2. 个别纪念馆存在偏离文化先进性的危险，不利于历史文化传承

目前，大多数名人故居纪念馆都被纳入文化产业的一部分，成为地方博物馆乃至地方文化产业的利益增长点，这种现象较为普遍。不少名人纪念馆的增值服务已成利益主流，逐渐替代传承历史文化的主业。甚至有个别的纪念馆成为弘扬迷信的道场，这大大弱化甚至偏离了健康历史文化传承的轨道。

3. 个别纪念馆主题不突出，没有深层次挖掘地方名人先进的思想内涵

作为地方名人的历史人物，之所以能被树碑立传，肯定有其自身的思想闪光点。历史不容后人无限夸大，也决不允许人为贬损，更不能容忍编造历史、篡改历史、肆意包装。

我们既要客观地还原历史，又要升华思想、树立典型，让先进文化、健康文化得以准确完整地传承下来。目前，在这方面还任重道远。很多故居纪念馆满足于原封不动，不能深入地挖掘主题，强化先进文化的引领作用。

4. 建馆标准和规范还有待完善，实施分层次管理迫在眉睫

加强对故居纪念馆的评估体系建设十分必要。评估标准混乱始于缺少规矩，以及缺乏专业理论的正确指导。目前，关于故居纪念馆工作的理论文章还相对较少，查遍百度搜索，涉及纪念馆的理论文章寥寥无几，而且还局限于工作经验交流之类的体会文章。各地之间、博物馆与纪念馆之间、纪念馆与纪念馆之间还相对缺乏密切的工作联系。省市级乃至更高层面在组织工作、业务指导以及更广的协调与合作，还相对匮乏。即便有一些合作，较之于其他专业或综合性的博物馆，其合作协调模式还显得比较单薄，难以形成广泛的事业战略发展格局。

5. 规划设计缺乏创新，运用高科技的手段单一

我国历史悠久，地方名人数不胜数，名人故居纪念馆也层出不穷。但在纪念馆的规划、主题策划、发展模式、活动方式等方面，还缺乏一定创意，特别是在运用科技手段、声光电技术、各种表现形式等，普遍手段比较单一，形式比较单调，模式比较陈旧，多媒体运用水平有待提升，宣传效果不太到位。在这方面，国外有很多先进的设计理念值得我们学习借鉴。

三 名人故居纪念馆要在传承先进文化方面发挥引领作用

人是推动历史前进和发展的关键因素，名人在其中的作用显而易见。名人故居纪念馆是反映历史人物作用的重要载体。发挥名人故居纪念馆的先进文化传承作用，必须靠文博工作者切实承担历史责任，为更好地宣扬中华传统文化做出积极贡献。

1. 强化法律的保障

对名人故居纪念馆的保护，一定要上升到法律层面来保障。有法可依才能有法可为，违法必究。没有法律层面的保障，就不可能遏制“法人违法”的行为。可以把故居纪念馆全面纳入博物馆法，要让“达摩克利斯之剑”永远高悬在违法者的头上，起到震撼作用。

2. 突出文化先进性

一个民族的崛起和复兴，常常以民族文化的复兴和民族精神的崛起为先导；一个民族的衰落或覆灭，往往以民族文化的颓废和民族精神的萎靡为先兆。文化是精神的载体，精神是民族的灵魂。所以，对名人故居纪念馆内涵价值的挖掘，一定要突出文化的先进性。要积极、健康、向上，弘扬先进文化这一主题。要全面挖掘文化名人的心灵轨迹、思想变化，以期对当代发展产生一定的引领作用。

3. 力求开放公益性

名人故居纪念馆的生存问题，一定要纳入地方财政扶持和地域发展规划。不能因为城市规划而肆意毁坏有价值的名人故居，特别是列入文物保护单位的名人故居。同时，名人故居纪念馆要列入地方财政预算，不能一味推向市场，要确保弘扬先进文化的场所，要实行免费开放，在切实有效保障和设施维护的基础上，确保其开放的公益性。

4. 推动管理系统化

名人故居纪念馆的发展壮大，一定要走专业化、规范化、信息化之路。在规章制度上要推进规范化的管理模式，有管理规范、管理标准、管理要求，形成有效的管理及评估体系；纪念馆的工作人员要有责任心和专业知识，不是散兵游勇，而是正规军；在文物保护、资料保存、档案利用等方面，要运用专业手段、专业技术来保证，让史料更具价值，并得到有效的专业保护；在故居纪念馆的内涵再现以及对外宣传方面，要利用多层面的信息化手段、信息化技术、信息化措施，充分展现，不遗余力。

5. 带动区域性合作

故居纪念馆因为有其不同的特点、不同的内涵、不同的属性、不同的模式，也导致馆际合作显得沉闷和低频。要切实加强对故居纪念馆的组织领导，加强多个层面的区域合作，创新模式，强化统筹，推进协调，促进交流，互惠共赢。通过加强馆际交流与馆际合作，乃至与国际文化机构的交往，全面推进故居纪念馆的发展、壮大。

6. 提升专业理论

由于时代的变迁，名人故居纪念馆的建立与否，是由当时、当地政府对历史人物的评判标准而定的，所以在不同时间，会有不同的发展历程和历史环境。为了文博事业大环境的改善，有必要在理论研讨和经验交流方面取长补短，展开馆际交流，促进各地纪念馆同步发展，缩小地域间的发展差距，实现各地名人故居纪念馆的均衡发展，提升整体理论水平。

7. 增强发展创意性

创意文化已风靡全球，名人故居纪念馆的发展不仅要体现在设施维护、规模扩大方面，更要体现在挖掘文化内涵、凸显主题、营造氛围和经营创意等多个方面，达到立体多维的发展。

2018 年，中国特色社会主义进入了新时代，名人故居纪念馆也要锐意进取，开拓创新。我们有必要完善配套性的基础文化设施，营造良好的生存发展环境；有必要开设动漫公园、主题公园，形象化、多层面、多媒体、全方位发挥科技作用，使宣传效果最佳化、最大化；有必要挖掘史料性的物品，特别是挖掘文物固有的文化内涵，由此衍生出来形象立体的、具有时代感的精神因素和中华魂。让我们砥砺前行，为中华优秀文化的传承和发展做出应有的贡献。

（作者系天津李叔同故居纪念馆副馆长、副研究馆员）

名人故居纪念馆跨区域联盟发展及启示

提文凤

青岛市康有为故居纪念馆为青岛市第一个对外开放的专业特色博物馆的文化名人故居，是青岛名人故居发展的典范，是青岛一处重要的历史文化遗产。它隐含着中国近现代文化丰富的内涵，是青岛历史文化名城重要的组成部分，记载和彰显了康有为的思想成就及传奇的人生。

早在 1987 年，康有为故居纪念馆就局部对外开放，2000 年全部对外开放。故居多年来积极开展康有为学术思想研讨和探索，编纂了《康有为青岛遗墨》《康有为研究论文集》《天游物华——康有为手书》等学术专著，每年组织以中国近现代史为主题的爱国主义教育活动 30 多场，不断提升文化品位和社会影响。在立足当地发展的过程中，本馆也积极开展跨区域交流，协同国内相关名人故居纪念馆，开展展览合作，加强展览资源共享，促进名人故居的创新与发展，实现不同地域文化交流。

一 "8 +"名人故居纪念馆联盟的发展及启示

2017 年 4 月，康有为故居纪念馆与北京"8 +"名人故居纪念馆联盟合作，引进展览“为了中华文明的发展——名人·名作·名物”，并召开“‘8+’名人故居的发展现状与展望”研讨会，多家名人故居纪念馆在青岛的聚首，为青岛的名人故居发展带来了先进的经验。

1. 从“八家”到“8+”联盟的模式演变

从2000年开始，宋庆龄故居、李大钊故居、北京鲁迅博物馆、郭沫若纪念馆、茅盾故居、老舍纪念馆、徐悲鸿纪念馆、梅兰芳纪念馆等八家名人故居纪念馆联盟（以下简称“联盟”）利用各馆优势，整合资源，面向社会，一年一个主题，策划专题巡回展览，开展多种形式的系列文化活动，形成了一支有特色的文化团队。18年来，联盟每年在“5·18国际博物馆日”推出的展览已成系列，每年都在北京及各省市进行国内巡回展出。海外巡回展览“中华名人展”自2004年起定期举办，足迹遍布新加坡、马来西亚、澳大利亚、加拿大、韩国、日本、法国等地。2017年部分活动还首次采取“‘8+’名人故居纪念馆联盟”的模式，联合北京的詹天佑纪念馆、李四光纪念馆以及青岛康有为故居纪念馆、天津李叔同故居、广东红线女艺术中心以及名人家乡、纪念地的故居纪念馆，并广泛运用网络、微信公共平台等媒体，扩大宣传范围，加强宣传力度。今年展览首次走进青岛，也为青岛带来了博物馆新的发展模式的探讨。

2. “名人·名作·名物”展览

本次展览由北京市文物局、北京博物馆学会、中共北京西城区委宣传部、青岛市文物局主办，由宋庆龄故居、李大钊故居、北京鲁迅博物馆、郭沫若纪念馆、茅盾故居、老舍纪念馆、徐悲鸿纪念馆、梅兰芳纪念馆、青岛市康有为故居纪念馆承办。

展览分为“名人”“名作”“名物”三部分。其中“名人”讲述文化名人生平，勾勒出他们波澜壮阔的人生轨迹；“名作”介绍文化名人的代表作品，他们为祖国、为世界留下的不可磨灭的精神遗产和文化遗产；“名物”展示了名人故居纪念馆收藏的珍贵文物，讲述文物背后的故事。

本展览旨在通过对文化名人人生历程、革命实践、历史遗存以及重要文物的展示，学习、继承和发扬以他们为代表的中华民族精神、爱国情怀、价值取向、奋斗精神，增强我们的民族自豪感和使命感；发掘名人故居纪念馆的馆藏史料、文物资源，真正做到“让文物活起来”。观众通过300余幅文化名人的珍贵历史照片以及近50件（套）馆藏精品，可以更好地了解文化名人，感悟传统文化。了解名人伟大的成就及平凡的生活点滴，透过展品去体味生活中一个个感人的故事。这些名人的作品或者写他们故事的文章在中小学教材里都出现过，很多我们耳熟能详的文章手稿也现身本次展览，如李大钊的《唯物史观》、鲁迅的《鲁迅自传》、郭沫若的《郊原的青草》、老舍的《茶馆》、梅兰芳的书画《洛神》、茅盾的《子夜》等。自开展以来，纪念馆里游人如织，闻讯而来的观众纷纷来追寻名人的人生足迹，品读名人的代表作品，欣赏名人用过的珍贵文物。展览在岛城掀起了空前的高潮，一方面是对名人精神的一种敬仰，另一方面也是对传承中华文化的一种强烈需求。

3. 名人故居的发展现状与展望

5月3日至4日，来自北京、天津、广州、泰州等地的名人故居纪念馆的20位专家老师，齐聚青岛康有为故居纪念馆，共商名人故居的发展现状与展望。与会嘉宾围绕研讨主题进行了发言，涉及名人故居纪念馆运营管理的有单位沿革、编制、人员、藏品管理、人才培养、设施设备、建筑等，涉及业务活动的有展览、社教、理论研究、文物保护、信息化建设、数字博物馆、文创产品的开发，涉及名人精神的有名人精神的传承、名作名物的研究、名人精神的当代价值体现等。通过交流大家发现，名人故居纪念馆在发展中存在许多共性的问题，又有着特有的区域属性。比如编制、人员、场所，历史上形成的体制机制等问题；又如围绕自身条件开展形式多样、各具特色的活动，把优秀的中华文化传承给公众。

最后，大家达成名人故居纪念馆发展的初步意见：一是名人故居纪念馆要组成跨区域的联盟，形成资源共享的合力，加强名人故居纪念馆的整体社会影响力；二是加强名人精神的传承，挖掘名人思想的时代价值，通过喜闻乐见的方式传给观众；三是加强新媒体（微博、微信等）在名人故居公共文化传播中的应用，加强新技术（VR、AR）在数字信息技术中的应用。让观众足不出户就能浏览名人故居纪念馆的资源；四是加大名人故居的保护和名人遗物的预防性保护力度；五是加强馆际交流，策划生活在相同时代名人的文化交流的相关展览。通过这些举措，共同提升名人故居纪念馆的文化遗产保护和公共文化服务能力。

4. 时代背景孕育的价值观

这八位名人都因自己的卓越成就而在中国历史上留下了举足轻重的一笔。每一个人单独展出来，都是一部厚厚的历史；同时呈献给观众的就是一部中国近现代史，展现的是一个大的背景时代。从他们的年龄来看，宋庆龄（1893—1981）、李大钊（1889—1927）、鲁迅（1881—1936）、郭沫若（1892—1978）、茅盾（1896—1981）、老舍（1899—1966）、徐悲鸿（1895—1953）、梅兰芳（1894—1961），跨越19世纪80年代到20世纪80年代的一百年。在这一百年里，中国经历了许多历史变革，从清朝晚期到中华民国临时政府时期、北洋军阀时期，从抗日战争、解放战争到新中国成立等。展览展现的是宋庆龄、李大钊、鲁迅、郭沫若、茅盾、老舍、徐悲鸿、梅兰芳这些文化名人在中华民族屡遭西方列强侵略之际，在民族生死存亡的关键时刻，或者远渡重洋，或者著书立说，在西方民主、科学观念的影响下，扶大厦之将倾，把改造朽腐国民精神、重建中国新文明作为他们毕生奋斗的目标，为中华文明谱写出恢宏的文化乐章。这八位名人在历史上大都有交集；而且，其中的文学名家以及他们创作的文学经典，曾经陪伴无数人成长。所以，这次展览拉近了大家与文学大师的距离。在此次活动中，我们也将青岛名人故居的发展状况、发展规划、发展目标介绍给与会嘉宾，以扩大青岛名人故居的知名度和影响力。

二　加入中国博物馆协会文学博物馆专业委员会的启示

自2011年开始，我馆加入中国博物馆协会文学博物馆专业委员会，每年参加它组织的“5·18国际博物馆日”主题活动及学术研讨会，与来自全国的30多家名人博物馆、纪念馆、故居进行学术交流、展览合作。

1. 参与活动及收获

中国博物馆协会文学博物馆专业委员会成立于2009年12月，目前成员中既有全国性的中国现代文学馆，也有县一级的莫言文学馆；有成立最早的北京鲁迅博物馆，也有刚刚成立的纪念馆；有遍布在各地的康有为、曹雪芹、李大钊、林语堂、郭沫若、茅盾、冰心等个人故居纪念馆，也有被称为“文人故居群”的湖北咸宁向阳湖文化博物馆；甚至还有以单部著作建立的青岛骆驼祥子博物馆。这些博物馆越来越承担起了保存传统价值以及传统文化遗物的责任，为社会公众提供了一个审视传统、反思今天和创造未来的平台。2011 年在北京鲁迅博物馆，中国博物馆协会文学博物馆专业委员会首次集体亮相。围绕 5·18 国际博物馆日的主题“博物馆与记忆”，共组织了三项活动。一是“文学与记忆”教育戏剧活动和座谈会。通过教育戏剧的形式，在专业老师的指导下，通过学生们的形体与语言表演，再现了《女神》的意境。这有点像我们平常所说的情景戏剧。对文博行业来说，这是一种创新的宣教方式，不同于传统的说教方式，用形体和表情把诗的意境和主题体现出来，留下永久的回忆。二是“记忆的身影——中国文学博物馆巡礼”主题展览。在北京鲁迅博物馆推出了 31 个成员单位的专题图片展览。我馆提供的资料和图片制成的展板在展览中亮相，吸引了大批同行和观众，大家对康有为故居纪念馆的德式建筑、丰富馆藏展品、康有为的文学艺术人生产生了极大的兴趣。三是“博物馆与记忆”主题论坛。与会者就“文学博物馆与文学记忆”“文学博物馆与公众”“文学博物馆与社会和谐”“文学博物馆的未来”等议题进行了研讨。

从交流中可以看出专业研究力量的差异。有的名人故居纪念馆拥有专门的研究机构，有专业的研究人员，出版有研究著作及专业刊物。北京鲁迅博物馆有《鲁迅研究月刊》，蒲松龄纪念馆也拥有自己的核心期刊，广泛发行海内外，而这些正是我馆的弱项。提供公共文化服务是我们的主要工作，缺少研究人员和专业指导是我们迫切要解决的问题。

名人故居纪念馆基本都配套有书社，例如北京鲁迅博物馆有“鲁博书屋”，老舍故居有“老舍书社”。因为名人故居纪念馆的参观面积都较小，大都采取了较好的保护措施，游客无法进入房间，只能通过窗户参观。对每日参观流量都有明确限制。展示的展品大都是复制品。

针对不同级别的藏品，采取不同的展览方式和保护手段，是各个博物馆的通用方法。对不同材质的藏品采取不同的环境保护，也是各馆采用的保护手段之一。比如对象牙雕件、紫檀材质的藏品、书法、绘画等藏品，对温湿度、灯光等都做了特殊处理。展示的主要内容是人物的生平史迹、名人在故居的生活历史及期间取得的成就、故居的复原陈列、生前生活用品、收集的物品、与名家的交往记录等。

好多纪念馆在设计中都能博采众家之长，为我所用。在郭沫若纪念馆中有一个展陈细节，非常有特色。可以随意拿动的、关于郭沫若作品的详细介绍，既可节省展览空间，也可满足部分游客触摸和深度参观的需求。展览部主任介绍说，这也是他们从马克思故居借鉴来的。这些星星点点的细节汇成了观众面前推陈出新的新意。

2012 年，我馆参加了中国博物馆协会文学博物馆专业委员会与上海巴金故居、普陀区图书馆联袂主办的“全国文学博物馆馆藏精品联展”和“作家的故居与研究”论坛，并且配合出版《中国博物馆协会文学博物馆专业委员会成员单位图录》、所属成员纪念明信片。我馆的康有为书法和手札参展，并受邀向与会嘉宾介绍了参展展品，特别是一幅康有为在上海生活期间，在游存别墅撰写的手札，得到了与会嘉宾的共鸣。这是反映康有为在上海生活的真实记载。康有为从海外流亡回来以后，大部分时间在上海生活，对此研究的力度与深度尚浅，公开的资料也很少。我馆借此机会，把康有为与上海的渊源作一陈述。上海本地领导与专家一致认为，上海应该加强对康有为故居的保护与康有为的研究。在学术交流中，我馆提供的文章《小展览、大视野、长效益——名人故居陈设展览探讨》参加了大会交流，取得了很好的宣传效果。

2. 对康有为故居纪念馆的启示

通过连续多年参加中国博物馆协会文学博物馆专业委员会主办的

“5·18 国际博物馆日”主题活动，借助这个全国性的文博平台，加强了康有为故居纪念馆与协会成员之间的联系与交流，拓展了康有为故居纪念馆的视野，学习了全国不同博物馆的管理经验，提升了康有为故居纪念馆的知名度，吸引了全国更多的观众了解和参观康有为故居纪念馆，宣传了青岛的文博事业。通过与国内 30 多家名人馆的交流，比如馆际互换展览，互助开展业务合作，提供资料共享，我馆在业务上得到了很好的拓展。

一些兄弟博物馆开阔视野，放眼国际，也值得我馆学习。例如，冰心文学馆曾带领全馆中层以上干部赴美，对冰心在美学习、生活的地方进行了走访，和当地专家交流冰心文学研究的共同收获。他们还赴俄罗斯，参观普希金故居博物馆、高尔基故居博物馆等文学大师的博物馆。通过这些国际交流，对该馆的全面管理与研究的提升，对其业务拓展起到了非常大的推动作用。冰心文学馆还启动了“海峡作家文库”工程，成为全国首家全方位接收海峡两岸近现代著名作家手稿、实物的单个作家博物馆。康有为旅居海外 16 年，他致力于传播中华文化，注重在世界视野中表现中国文化的发展，值得我们深思与研究。

3. 名人街区的开发模式探讨

上海汇聚了两个名人居住集中区。一个是多伦路文化名人街，1998 年虹口区人民政府以文化街定位，对其进行改建。该街全长 550 米，路面用石块铺成，两边的各式洋楼涂饰一新，街边的名人铜像、古玩小店、纪念馆和美术馆很多。历史上虹口区曾经居住过许多彪炳史册的文化名人，如鲁迅、瞿秋白、郭沫若、茅盾等；中国左翼作家联盟、中华艺大、上海艺术剧社等也曾把这里作为活动基地。一个多世纪以来，多伦路从侧面集中显现了这段历史印迹和文化缩影，如今，这条幽静而文化气息浓郁的特色小街吸引着游客。参观以后才发现，事实上这是一个人为赋予的“名人街”，那几位名人只是在虹口区居住过，并不都住在多伦路，也没有故居留下来。但当地人很好地整合了资源，游客在这里仍能体会到二三十年代的大上海气息。

另一个名人故居集中区是武康路，长1183米，坐落着37座著名建筑和名人故居，宋庆龄、巴金、黄兴、周作民、陈立夫、陈果夫等名人都曾在此居住，是中国近现代史风云变幻的缩影。对外开放的有宋庆龄故居、巴金故居、黄兴故居。2010年，在黄兴故居建有武康路旅游咨询中心（也称“徐汇老房子艺术中心”），展有著名老房子的模型，并且提供武康路旅游的全面服务设施及信息。作为政府的公益窗口，咨询中心依托衡山路、复兴路历史风貌保护区，为来往于此处的游客提供便捷、温馨、周到的公益服务。该配套基本的服务项目，包括旅游宣传、咨询服务、旅游援助、旅游投诉受理、旅游资料发放等。同时，通过徐汇老房子艺术中心的图片、模型、美术、摄影等，展示老房子的艺术作品，从艺术的角度向游客诠释徐汇乃至整个上海老房子的历史底蕴。此外，该中心提供导游仪租借、自行车骑游租借、导游讲解服务、集散中心票务受理、红十字会救助服务等一系列的升级服务，得到游客的称赞。

此开发模式值得青岛小鱼山文化名人街区（康有为故居纪念馆所在地）借鉴。根据我馆多年接待名人故居游客的经验，在小鱼山文化名人街区可行性的开发模式，就是集中展示，做好旅游服务，满足游客对文化名人的精神需求。青岛的名人故居相对集中，都在小鱼山附近，虽有标示牌，但还不够清晰明确。很多游客反映，费了不少时间和精力，却只能看到一处康有为故居。这说明我们的工作还做得不精细，游客需要一个参观指导，明确故居的简介、地址、交通路线、开放情况，而这个参观指导，应该是一个对游客实用、对青岛进行很好宣传的产品。

2014 年，青岛市文物局出版了“寻旧日时光，讲老城故事”青岛名人故居篇系列资料，包括一本《青岛名人故居概览》以及一套手绘名人故居地图、名人故居书签、名人故居折页、名人故居明信片，把青岛名人故居通过不同介质进行了全方位的介绍。2014 年《青岛市名人故居保护利用规划》出台，整合青岛名人故居文化资源，优化名人故居发展布局，构建名人故居保护利用体系。

4. 全面推动康有为研究

多数人对康有为的了解是他领导了“戊戌变法”，而康有为在文学艺术领域中的成就则鲜为人知。万木草堂书录中，收录康有为所著的经、史、子、集、诗歌等 138 种，其中蕴含的人生哲理是博大精深的。事实上，康有为一生的政治活动与文化创作始终是相伴同行的。康有为一生著作 900 多万字，文章涉及奏议、政论、游记、杂文、书信等。康有为作诗 2000 多首，反映了他一生的主要政治活动和生活遭遇，从中可以大概了解晚清几十年中国历史的风云变幻。

在和大型联盟实现合作的同时，康有为故居纪念馆也加强与康有为同时代名人故居纪念馆的合作。例如，与佛山市南海区博物馆、天津市梁启超纪念馆、中山市孙中山故居纪念馆等合作，共办展览，开展学术研究及交流。正是这些跨区域的合作，把研究名人个人的历史放大到他所生活的那个时代；讲到历史事件时，涉及的不是一个人，而是与之有关的那个时代的全体。只有这样才能还原历史的真实，理解他们的思想、观点和做法。虽然历史上的文化名人有过合作和分歧，只要站在当时的历史境遇中，就能理解产生的原因，从而更好地把他们的精神传承给当代的公众。

（作者系青岛康有为故居纪念馆副研究馆员）

参考文献：

1. 康有为：《万木草堂诗集》，上海人民出版社 1987 年版。
2. 马洪林、吕正言：《康有为集》，珠海出版社 2006 年版。
3. 康有为：《列国游记》，上海人民出版社 1984 年版。

走进文化名人纪念馆

——从郭沫若纪念馆说起

张　勇

随着人们生活水平的提高、文化素养的提升以及国家文化发展战略的调整，越来越多的人开始走进文化名人纪念馆，在文化名人曾经的居所中感受历史积淀和精神内涵。越来越多的普通百姓对文化名人纪念馆产生了浓厚的兴趣。每天有数以千计的观众走进各类文化名人故居，各种各样的参观群体在文化名人纪念馆中驻足，其中有普通观众，有大学生，有中小学生，也有老人、儿童，甚至还有很多外国游客。他们来到文化名人纪念馆究竟想要看什么？他们能够从文化名人纪念馆中获得什么？这些都是博物馆工作者应当思考的问题。

为了解答以上的疑问，本文以郭沫若纪念馆为例，从名人、名作、名物三个不同角度，阐述走进文化名人故居的方法及意义。

一　与名人相识：历史长河中的名人

观众到文化名人纪念馆，首要的目的就是去认识这个文化名人。如何认识文化名人，可以分为三个层次，一是知道他是谁，二是了解他有哪些成就，三是从中找出他的历史价值，这三个层次从内涵上来讲是逐步递进的。没有进入文化名人纪念馆之前，我们知晓名人的途径就是书本、广播或者其他方式，古人云："纸上得来终觉浅。"由于每个人专业领域和生活圈的限制，对于历史的认知也是有限的，对历史人物的了解更是千差万别。因此，认识文化名人要走进他们的内心，特别是感受他们生活的场域。在历史场域中感知一个具体的、鲜活的生命个体。

1. 直观历史中的人

郭沫若对普通游客来说，是一个既熟悉又陌生的人物，熟悉是因为大家都知道他，陌生是因为大家都不了解他。大多数人对于郭沫若的了解，可能更多的是"听说"。

我们"听说"郭沫若是个非常有个性的人，"听说"他是一位追求多方位自我实现的"球形天才"，"听说"他是一位参与意识极强的入世文人，又是一个朝气蓬勃的青春型诗人，"听说"他是一个擅长抒情的文学天才……这样的"听说"便造成了郭沫若是中国现代文化名人中少有的几个争议很大的人物。有人把他捧到天上，觉得他是20世纪乃至旷古未有的天才；有人则把他贬低到没有什么值得一说的地步，甚至对他提出质疑。

对郭沫若的评价，其实是我们在看待历史人物或事件时，所常用的"好或不好"二元评判标准的典型案例，只顾及一点，缺乏客观综合的分析。作为博物馆人，我们必须跳出这个简单的价值评判标准和固有的思维模式，采用相对客观的价值判断标准，这样才能做好相关文化名人的生平思想展览。

"展览不仅对人的主要审美器官发生作用，还对人的辅助审美器官嗅觉和触觉也发生作用，展览是名副其实地综合地发挥着美感效应的艺术形式。"① 展览的最鲜明的特性就是综合性和直观性。对人物的展览

① 潘杰：《展览艺术——展览学导论》，黑龙江美术出版社1992年版，第9页。

策略决定了对他的介绍是全面的、综合的，不能只介绍他的生平年月，还要介绍他的专业领域，更要说明他在历史中的角色和作用。既然是介绍，那么在策划时就要有所选择，在展览材料的选取上，尽可能按照时间顺序，选择各个历史阶段中最能代表这个人物历史价值的事件和图片进行展示。抓主要、突重点是人物展览中最重要的设计原则。

如何处理好个人与社会、现实与历史的关系是展览策划的关键。对于郭沫若生平思想展的策划也秉承着这样的理念，如何客观地将郭沫若的历史成就放置在具体历史情境中来展示，是展览首先要考虑的问题。既要突出郭沫若有异于常人的各方面成就，又要阐释他在特定历史时期所作出的人生抉择。我们常说郭沫若是一个“全面实现的球形天才”，那么“全”体现在何处？“天才”表现在哪些方面？1921 年，郭沫若出版了《女神》白话新诗，并于 1926 年投笔从戎，参加北伐战争，成为为数不多的文人参战者。这两个事件在以往有关郭沫若的研究中都没有关联在一起，那么两者是否有联系呢？答案是肯定的。郭沫若纪念馆第一展厅中这两个事件展览的图片和实物的陈列，便会引发两者关联的思考。《女神》中的革新战斗的精神，恰恰便是郭沫若北伐战争时期投笔从戎的心理写照；而北伐战争中郭沫若一身戎装的照片，也印证了《女神》反复歌颂的青春热情和革命激情。这两者之间必定有着天然的联系，这更是对郭沫若综合历史性的考量。

郭沫若纪念馆的展览设计跳出了学科之间的藩篱，按照历史发展的顺序，从各个方面综合全面地展示郭沫若的思想生平。文学创作之中有历史事件的背景展示，历史事件中也有文学创作的演进。

2. 展览还原真实的人

对于文化名人的认知，还应该从一个“人”真实生活的角度来认知。对于郭沫若，我们除了知道他是诸多成就的获得者之外，还应该了解他也是一个普通的人，他也是有着自己真实情感诉求的人，他更是有着自我情怀的历史人。走进郭沫若纪念馆，踏入他生活的场域，是认识作为一个现实中的“人”的最有效途径。

“展示设计的功能也不仅仅在于展示和陈列展品，更承担着为人们提供传播信息、交流情感”① 的功能。郭沫若纪念馆内悬挂了很多书画作品，有傅抱石赠送的巨幅山水画《拟九龙渊诗意》，也有郭沫若题字、傅抱石画石、郁风画花、许麟庐画鹰合作完成的作品。在众多书画作品中，有一幅最为独特，这就是悬挂在郭沫若书房西墙的毛泽东手书《西江月・井冈山》。为什么这样一幅作品要放置在郭沫若办公桌对面的墙上呢？

这幅作品原本是郭沫若专为井冈山修建黄洋界保卫战胜利纪念碑请毛泽东书写的。这幅作品的独特之处在于它与黄洋界保卫战胜利纪念碑上所刻写文字略有不同，后者的“鉋”改成了“炮”。这究竟是怎么回事呢？1965 年 7 月 1 日，郭沫若到毛主席旧居、井冈山革命博物馆、黄洋界哨口等处参观，适逢该地正在修建纪念碑，郭沫若答应请毛泽东手书《西江月・井冈山》后镌刻在碑上，于是便有了这幅字的由来。据目前的史料推测，毛泽东的这幅手书《西江月・井冈山》应该作于 1965 年 7 月到 1966 年 7 月间，郭沫若得到这幅作品之后，第一时间发现了“鉋”和“炮”的差异，并请毛泽东将此字修改了过来。

后来，郭沫若还专门给井冈山负责同志就这副字写过一封信，信中强调：

> 请照碑式勾勒，并且适当放大为荷。
>
> 如以主席原式，则当成横披形，已建立碑又须改建。如何之处，请酌量处理，寄件收到后，望回一信。

① 赖亚楠、赵坚编著：《展示设计概论》，河北美术出版社 2008 年版，第 1 页。

如果从郭沫若一贯的性情以及他作为书法家的禀赋来讲，其实将“鉋”写成了“炮”也无可厚非，但是郭沫若还是坚持让毛泽东将“鉋”改成了“炮”。另外，从上述信件的内容上来看，郭沫若还是重点强调对于毛泽东这幅手书《西江月·井冈山》如何进行复制刻写的事情。此后，郭沫若便将这幅存在错别字的毛泽东手书《西江月·井冈山》悬挂在了自己办公室兼书房的西墙上。

通过对这一字修改的事情，我们可以清晰地感受郭沫若此时非常复杂的情感。由此也可以感受郭沫若晚年对于毛泽东亦友亦神的复杂情感，毛泽东作为自己诗词唱和的多年挚友，郭沫若是真诚相待的；而毛泽东作为新中国的领袖，郭沫若也是真心崇拜的。按照人的基本情感来看，挚友和领袖的关系是很难兼容的，甚至来讲是矛盾的，正是这种矛盾性，形成了郭沫若一生中最复杂的存在，但也是真实的存在。郭沫若晚年在如此复杂情感支配下的存在，又何尝不是当时众多知识分子情感的集中体现呢？

透过这么一幅历史作品的陈列，参观者便会形象地感知到人物生存的真实情感，同时也实现了游客对郭沫若由名人到真人的认知。通过文化名人纪念馆的展览设计和展品布置，我们能够全面客观地了解文化名人的前世今生，他们的历史价值也会恰当地体现出来。

二 与经典相遇：视域中的名著新读

认识名人最好的方法是什么？阅读他的著作，应该是深入了解他的坦途。《中国现代文学研究丛刊》曾经做过一个文学阅读的调查，结果让人大跌眼镜：这个时代文学阅读最正常的是什么人呢？是小学生。进入中学以后，文学阅读状况就严重恶化，只有 12% 的中学生有课外阅读的习惯。[①] 这也造成了我们与文化名人的隔阂，形成了只在名人之

① 吴义勤：《当代文学评价的危机》，《美文》2016 年第 5 期。

外，无法深入其内的社会现象。

1. 合理选择阅读对象

“好的文学作品一定能够超越具体时空，从而具有一种探寻生命本质、直达人性深处的力量。经典之所以能够在漫长的时间里历久弥新，不断产生新的价值，也正在于其内容的深刻性和开放性。”①

文化名人的作品浩如烟海，仅就目前能够看到的作家作品集而言，《鲁迅全集》16 卷，《鲁迅译文全集》8 卷，1000 多万字；《郭沫若全集》文学编 20 卷，历史编 8 卷，考古编 10 卷，1000 多万字；《沈从文全集》32 卷，1000 多万字。这还只是列举三位中国现代文学史上的作家。从以上统计数字可以看出，对于普通的读者来讲，他不可能看完所有文化名人的作品，阅读文学作品的第一个问题就涉及作品的取舍选择。对于不同层次的读者，选择的标准也会各有不同。

那么，怎样才能制定一个符合大多数读者要求的标准呢？走近文化名人纪念馆，从纪念馆的展陈中便可以找寻这个标准。

在郭沫若纪念馆的第一展厅中，观众最先看到的便是一个玻璃格子中，陈列着郭沫若著、1921 年由泰东图书局出版的《女神》初版样书。这本泛黄的诗集并没有如其他的作品一样，铺陈于展柜之中，而是放在了第一展厅的正中央，放在了观众一进入展厅就可以看到的最醒目的位置，并且单独用玻璃罩将其罩住，更加吸引了观众的注意力。为什么展陈设计时要把《女神》放置在如此突出的位置？因为《女神》是郭沫若白话新诗的代表作，还是他登上五四时期文学创作舞台的敲门砖，更是郭沫若激情燃烧的岁月的结晶。从这个角度来说，读懂了《女神》，也就读懂了郭沫若。从另外一个角度来讲，无论你从事什么职业，无论你的年龄大小，只要是想了解郭沫若，想阅读他的文学作品，《女神》

① 刘勇：《对话经典：人生价值的选择》，《名作欣赏》2016 年第 5 期。

都是首选。

在郭沫若纪念馆第二展厅中，在一进门靠右的位置，放置着一台样子非常像电影放映机的装置，在它的上方有一个液晶显示屏，如果你摇动这个装置的手柄，液晶显示屏上就会有序地播放郭沫若的历史剧《屈原》的舞台剧照。《屈原》是郭沫若历史剧创作的代表作，也是现代舞台艺术的经典之作。郭沫若借助“屈原”形象，宣扬了人性中特有的激情与魅力。对于这篇作品的展示，并没有像一般的作品一样只是文字的介绍，而是借助于影像资料，更加突出了《屈原》在郭沫若文学创作中的地位和价值。

上述两件展品，在郭沫若纪念馆的展陈设计中是非常独特的存在，“由于展品特殊，所以展示设计也因此具有了特殊性和唯一性”①。从郭沫若众多的作品中选取这两件作品来单独展示，这从另一个方面证明它们在郭沫若文学创作体系中的重要意义，它们是阅读郭沫若作品的必读之选。从文化名人纪念馆的展览中，我们便可以找寻到各个文化名人的经典之作、必读之作。

2. 正确阅读经典作品

知道哪些经典作品必读是一回事，怎么读又是另外一回事。阅读经典作品并不是直接把作品拿过来看一遍，通读一下，或者了解它的大体内容就可以了，阅读是深入，更需要方法和技巧。

我们都知道，郭沫若的《女神》是了解郭沫若的钥匙，必须要读，但是真正能读下去的读者并不多，更不要说普通的观众了。例如《女神》中的《晨安》，通篇采用排比句式，与现在的白话句式几乎毫无相似之处，读起来令人费解。《天狗》中那不符合现代人思维逻辑的思路，也许让你读起来不知所云。由于这些原因，很多读者对郭沫若的诗

---

① 赖亚楠、赵坚编著：《展示设计概论》，河北美术出版社 2008 年版，第 6 页。

歌阅读望而却步。

阅读《女神》要注意的一点就是，它产生于五四新文化运动历史时期，是中国文化剧烈转型的年代，因此，《女神》就应该放置在这一特殊的历史语境中来读，在历史境遇中与经典对话。历史语境到哪里去感受？历史境遇在哪里可以碰到？目前文化名人故居就是最理想的场所，这里不仅是该名人曾经居住过的场所，而且也是他的生平资料最集中的场域。例如郭沫若纪念馆就利用图片、实物、模型等方式，将郭沫若生平展示给各类观众。

《女神》时期的郭沫若展示，就是郭沫若一生中最意气风发的青春岁月，在这些图片中，郭沫若眼神中的叛逆、斗争精神一览无余，他的创造精神和意识更是被淋漓尽致地展现出来。透过这些图片和实物，你获得的不仅是历史常识，更是一种青春精神的感染。

> 无数的白云正在空中怒涌，
> 啊啊！好幅壮丽的北冰洋的情景哟！
> 无限的太平洋提起他全身的力量来要把地球推倒。
> 啊啊！我眼前来了的滚滚的洪涛哟！
> 啊啊！不断的毁坏，不断的创造，不断的努力哟！
> 啊啊！力哟！力哟！
> 力的绘画，力的舞蹈，力的音乐，力的诗
> 歌，力的 Rhythm 哟！

这首短诗是《女神》诗集里的《立在地球边上放号》。充满感叹词、语气词、排比句的句式组合更像是一个时代宣言，它宣告了古老的中国将迎来创造者的天地。郭沫若通过对具有创造精神的力的反复咏叹，展现他独有的思维特质。他通过对具有创造精神的力的反复咏叹，展现出创造者独有的青春情感和热情。这正是处于除旧布新的五四时期

青年人特有的历史使命感的迸发。如果你亲身走入郭沫若纪念馆的展厅，看到他在不同历史环境的影像资料，一种历史现场感便会油然而生，在这种氛围中再来阅读他的作品，便会获得无限的美学意味。

3. 获得经典阅读的仪式感

文化认同削弱的另外一种原因、国民阅读危机的另外一种现实表现，便是电子化的阅读方式，这种阅读方式必然会造成文学感觉的消退和文学性的流失。“读书或者读文学书应该是有某种仪式感的。”①

走进文化名人纪念馆，会使你找到久违的历史厚重感，从而得到阅读的仪式感。这里的阅读，不仅仅只是书面文字简单的识别，也不是故事情节单纯的感知，更多的是与文化名人的对话，感同身受他创作的环境。

《英诗译稿》是郭沫若翻译的最后一部作品，也是常被研究者们忽视的一部译作。

《英诗译稿》中所选取的诗歌，都是“英美文学中平易，有趣的，短的抒情诗，是早有定评的世界著名的部分诗人的佳作”②。因此，《英诗译稿》中所译的诗歌几乎都是对春天的歌颂和向往，以及对人类原始生命活力的追寻和灵魂的拷问。例如：“青春的热情尚未衰逝，愉悦的流泉但觉迟迟，有如一道草原中的绿溪，静悄悄地蜿蜒着流泻。……当快感失去了花时和吸引，生命本身有如一个空瓶，当我快要临到死境，为什么退潮更加猛进。”③ 这何尝不是久经情绪压抑、渴望自由生活的郭沫若的心声呢？

---

① 吴义勤：《当代文学评价的危机》，《美文》2016 年第 5 期。

② 成仿吾：《英诗译稿 · 序》，载郭沫若译《英诗译稿》，上海译文出版社 1981 年版，第 1 页。

③ ［英］妥默司 · 康沫尔：《生命之川》，郭沫若译《英诗译稿》，上海译文出版社 1981 年版，第 11 页。

如果你仅仅是从已经出版的《英诗译稿》中简单浏览一页原文，一页译文的编排方式，就不会体会到作品的历史价值。这部译作如今便陈列在郭沫若纪念馆原装展厅，在郭沫若生前使用的办公桌上。在郭沫若翻译的作品中，《英诗译稿》无论是翻译的时间、方式以及内容等方面都显示了非常多的独特性，这部诗歌译作和之前所翻译的作品的心境是完全不同的。《英诗译稿》在郭沫若生前并没有出版，就内容而言，在当时的政治环境下也没有出版的可能，它成了郭沫若为数不多的一部生前已经完成却没有出版的著作。如果从翻译的方式、心境和作品的选择来看，郭沫若翻译这部作品的初衷，也许本就不是为了出版而译的。郭沫若之前所翻译的作品大多是有目的的，或为学习而译，或为生活而译，但是《英诗译稿》可以说是为内心而译。从陈列的资料可以看到，《英诗译稿》中诗歌的翻译“几乎都是留在原文空白处的手迹”①。在1981年版的《英诗译稿》的插图中，能够清晰地看到郭沫若译此诗歌的手稿形式，在原诗空白处密密麻麻地写满了汉语译文，时而涂改，时而增删。这种随感式翻译的方法凸显了郭沫若彼时的心境，那就是渴望创作的冲动，渴望情感的抒发，渴望青春的重现。这何尝不是一次再创作呢？正如译稿中所译：“我的灵魂是阳春，踊跃狂饮爱之醇；万事万物皆有情，渴望，缠绵理不清。”② 这不正是“五四女神”时期诗歌创作中对青春的颂扬，对生命的赞叹的重现吗？这是年迈的郭沫若内心中的青春激情不自觉地流露。如果你不了解这些历史背景，不知晓翻译时的空间环境，甚至没有见到过译本的原件，你可能就会把它当作极为普通的一篇译诗。但是当你接近了实物，看到了字迹之后，历史的厚重感、阅读的现场感便会升华为一种仪式的庄严感，此作品的意义便不解自明了。

---

① 蔡震：《郭沫若画传》，江西人民出版社2011年版，第214页。

② ［英］约翰·格斯瓦西：《灵魂》，郭沫若译《英诗译稿》，上海译文出版社1981年版，第77页。

三 与名物相伴：人与物的历史互喻

人与物是自然界中息息相关、不可分割的整体。人需要物质来获取他们生存的条件，在物质中寄托自己丰富的情感诉求。每个人所使用过的物品因寄托了真实情感，因而也具有了生命寓意，是人生命精神在物体上的呈现。物延长了人的生命和精神，人给予物存在的缘由和价值。借物识人、以人见物应是我们走进文化名人纪念馆的重要视角。

1. 物因人而名

文化名人纪念馆是博物馆的一个重要组成部分，也具有作为博物馆的特性，特别是在“物”的方面，因为“物”的存在，才使文化名人的历史特性得以真实呈现。所谓“物”，主要是指可移动和不可移动的具有历史价值的器物。文化名人故居里的“物”最显著的特性，便是与“人”的内在关联，这使它与一般博物馆的藏品具有了显著的不同。

郭沫若纪念馆中最普通但是最具有情感特性的“物”，便是被称为“妈妈树”的银杏。银杏是自然界中最常见的物种，如果它种植在道路的两旁，可能就是绿化环境；如果它种植在其他博物馆中，可能只是普通的物种；但是它生长在郭沫若纪念馆中，就具有了非同一般的价值。

银杏已经内化为郭沫若生命意识象征，郭沫若把银杏树作为了对亲人情感寄托、祈愿生命康健的对象。1953 年，于立群由于身体不适离京治疗。在此期间，郭沫若带着孩子到北京西郊大觉寺移植了一棵银杏树苗，为了寄托对夫人的思念并祝愿她早日康复，故把这棵银杏树取名为“妈妈树”，希望于立群能够像银杏树一样，用顽强的生命力去战胜病魔的侵扰。1963 年郭沫若从西四大院胡同 5 号搬到了前海西街 18 号居住，他也把这棵银杏树移植了过来。“妈妈树”的称谓，一方面表达了郭沫若对夫人于立群无限的牵挂，另一方面也借助“妈妈”的命名，折射出郭沫若对于银杏的生命之托。巧合的是，在前西街18号原本就有一棵近百年历史的银杏树，粗大的树干也呈现出经历风雨之后的沧桑与顽强。

郭沫若对于银杏的喜爱，也衍生到了对其他物种的关注。1958年完成的《百花齐放》，也定然是这种情愫的产物。《百花齐放》是郭沫若后期非常重要的诗集。过去我们对于《百花齐放》的写作多政治性解读，少个性的阐释；多时代的羁绊，少内心的探究，如果能够考虑到郭沫若特有的银杏情怀，特有的对生物物种的敬畏之情和生命之寓，那么《百花齐放》的文学价值和美学内涵便不言自明了。

普通的一颗银杏树，因为郭沫若投入了朴实真挚的情感，已经成为郭沫若生命体的象征，更是认识郭沫若必不可少的物件之一。读懂了银杏树，也就明白了郭沫若。

2. 人依物而生

人的生命是有限的，精神却是永恒的。特别是文化名人，他们之所以到今天依然闪烁着夺目的光辉，恰恰就是他们身上传递出的“正能量”，这些“正能量”是无法捕捉的，更是无法穷尽语言传达出来的，但在其遗留下来留有使用印记的原状物品中，依然清晰记录着过往历史的影像。

按照郭沫若生前的原貌保存下来的原状展厅，便留有历史岁月的足迹。透过展厅的玻璃窗你会发现，会客室、办公室兼书房、卧室被分隔得清晰明确，在这明晰的分隔中，郭沫若个人的空间其实已经被压缩得所剩无几了。从空间的维度上看，从会客室到办公室兼书房再在到卧室的面积空间是逐步缩小的。单就完全属于个人空间的卧室来讲，这里的布置相对于前两者十分简朴，甚至朴素得不能再朴素了。一张棕床、一张单人沙发、一套衣柜、一整套带木盒的二十四史，这几件简单的物品就让本来狭小的卧室显得更加局促了。在这里唯一能够体现出郭沫若个人性情的便是这套二十四史，我们可以想象得到，每当处理完各种繁杂的政务和公文后，一天归于平静的时候，郭沫若自己一人安静躺在床上，顺手拿起二十四史中的一本认真研读，再无喧嚣的吵闹，再无无绪的争斗，更多地恢复到了自我沉思的空间，但这属于自我的空间又是那么的狭小和短暂。

相对于个人空间的狭小，作为会客室和办公室的公共空间非常宽大。这个会客厅是郭沫若用来会见重要客人的场所，面积大约有卧室面积的三倍还要多。新中国成立后，郭沫若担任了国务院副总理、全国人大常委会副委员长、中国科学院院长等重要职务，所以他要经常会见来自各方的不同客人。马蹄形摆置的沙发占据了这间会客厅绝大多数的空间，靠墙角摆放钢琴。前面的单人沙发是郭沫若接待友人时习惯的座位，最尊贵的客人坐在他左手的位置。沙发后面的墙壁上，悬挂的是傅抱石专为郭沫若“量墙定作”的巨幅山水画《拟九龙渊诗意》，描绘的是郭沫若笔下朝鲜金刚山九龙渊美景。总之，这件会客厅中摆设的物品都追求着“大”的原则。细看一下，这里所有的摆设和陈列其实与其他人的会客厅别无二致，更多的是待客之道，属于自己的空间几乎没有。

在客厅和卧室之间，略显奢侈的大房间就是郭沫若的书房了，更确切地说是他的办公室。屋内西侧一排高大的书柜倚墙而立，满满排列其上的中外文书籍，暗示了主人贯通古今中西的学识。书房窗台上是一堆堆科学院科学考察报告、国情社会调查资料、待批阅的各类文件，诉说着主人公务的繁忙。观众在走廊中穿梭走过郭沫若的客厅、办公室和卧室，找寻着郭沫若每天生活的足迹，他的鲜活形象便油然而生了。作为一位文化巨匠，郭沫若寓所中这块空间所显现出“书房”与“办公室”的价值，更凸显无余。

在原状展厅中的每一件物品，每一寸空间，无不留有郭沫若生前的印记。观众沿着展览路线感知郭沫若的生存空间，想象他的光辉岁月，文物的存在展现了郭沫若的生活世界，延长了郭沫若的精神影响。

名人、名作和名物是走进文化名人故居的三条重要脉络，也是评价文化名人纪念馆社会功能的主要参考指标。作为普通观众，则可以在名作阅读中感悟名人精神，在名物观赏中感知名人存在。

（作者系中国社会科学院郭沫若纪念馆研究员）

名人纪念馆服务社区方向研究

李　晴

纪念馆是博物馆中具有明显特点的一个类型，它具有博物馆的性质，又不同于完全意义上的博物馆。建立具有纪念意义、政治意义和宣传意义的纪念设施，缅怀先贤、寄托感情、教育大众、传承文化的做法，在我国历史上最晚到西汉中期即已经开始出现①，但作为博物馆重要类型之一的纪念馆在我国的产生与发展，的确是新中国成立以后的事情。既然属于博物馆的一个类型，纪念馆无疑具有博物馆的属性，在当今社会对于博物馆的关注普遍增加，公众对于博物馆提供公共服务的要求日益多样化的今天，进一步探讨纪念馆服务社会的方向就显得很有意义，本文尝试对纪念馆服务社区的方向进行探讨研究。

一　名人纪念馆

对于“名人”的概念，目前没有权威的界定，通常意义上的名人，是指社会名流、知名人士、杰出的或引人注目的人物、显要人

① 黄春雨：《中国古代纪念馆溯源——古代纪念性祠堂与现代纪念馆》，《中国博物馆》1989年第4期。

物、著名人物等。北京市政协在做名人故居调研时，对“名人”的界定是指“在历史上，特别是在近现代，历史上做出过重大贡献，在某方面产生过较大影响，具有较高知名度，‘文革’结束前去世的各领域知名人士”①。对于“纪念馆”这一概念，目前学术界尚存争议，但对于“纪念馆”是“纪念性博物馆”的简称，则有比较统一的认识。早在1957年第一次全国纪念性博物馆工作座谈会上，时任文化部文物局局长的王冶秋同志曾对纪念性博物馆的概念进行过如下阐述：“纪念性博物馆是解放后新发展起来的一种类型的博物馆。它是以历史上重大事件或杰出人物的有关遗址、建筑物等作为基础，恢复历史原貌，来纪念这一事件、这一人物的纪念馆，并通过它来向广大群众进行历史的、革命斗争的以及其他方面的传统教育。”②

第一次全国纪念性博物馆工作座谈会以来，文化、文物部门对于全国范围内的纪念馆的建设发展给予了更多的关注和支持。学者们对于纪念馆特别是名人纪念馆，也进行了较多的研究。

关于名人纪念馆的范畴，目前有不同的看法。一种观点认为，名人纪念馆的载体是有影响力的纪念对象居住过的地方，以故居旧址为基础，即在旧址的基础上修复建设开发的纪念性博物馆才是纪念馆。另一种观点认为，名人纪念馆主要在于其纪念的性质，而不一定在于故居或原址的选择。笔者认同后一种观点。一方面，在城市发展建设的过程中，很多因素造成了包括故居在内的旧址的拆除、改建等变化；另一方面，纪念馆最重要的目的之一是对纪念对象的怀念，是对其爱国精神、钻研精神的弘扬，是对其重大贡献的纪念和专业领域成就的传承。一般来说，名人纪念馆需要包含四个要素：（1）同时具备纪念性和博物馆

① 邢志远：《有关名人纪念馆管理与发展的探讨》，《文物春秋》2012年第3期。
② 王冶秋：《在纪念性博物馆工作座谈会上的发言》，《文物》1957年第5期。

属性特征；（2）建筑主体一般是纪念对象去世后建造的；（3）纪念性是建馆的目的之一；（4）具有记忆性的功能，不拘泥于是否在原址上进行建造。① 由于具有博物馆的属性特征，名人纪念馆应该是名人的遗物资料、作品的收藏和展示中心，是对纪念对象进行科学研究、宣传教育的重要机构之一。

二 名人纪念馆服务社区的功能

从 2008 年起，以博物馆免费对社会公众开放为分水岭，包括部分以古建筑为载体、没有纳入免费开放范畴的名人纪念馆在内，博物馆接待观众的数量大幅提升。

2015 年以来，不计算国家博物馆若干有影响力的展览，故宫博物院举办的“石渠宝笈特展”“千里江山——历代青绿山水画特展”，首都博物馆举办的“五色炫曜——南昌汉代海昏侯考古成就展”“王后 母亲 女将——纪念殷墟妇好墓考古发掘四十周年特展”，上海博物馆举办的“大英博物馆百物展”，广东省博物馆举办的“高棉的微笑——柬埔寨古代文物与艺术展”等精彩展览，掀起了一个又一个观展高潮，全社会对于博物馆的关注空前高涨，对于博物馆服务社会也提出了越来越高的要求。

2015 年 2 月，公布的《博物馆条例》，对博物馆的设立、管理、社会服务和法律责任等提出了更规范的要求和法律依据。《博物馆条例》指出，要积极拓展博物馆的文化休闲、文化消费功能，丰富和完善博物馆社会服务，优化观众参观体验。所以，博物馆人要积极拓展博物馆的综合功能，提升博物馆服务公众、融入社会的水平。

① 王越：《纪念地与纪念性博物馆比较研究——以纪念对象主体周恩来为例》，《中国博物馆》2017 年第 1 期。

名人纪念馆这一特殊类型的博物馆，基本上都是中小规模的博物馆，对于来自博物馆行业的规范要求和来自社会的更高期望，要拓展综合功能，提升服务公众，积极融入社会。名人纪念馆需要探索有自己特色的道路，而扎根所在区域、服务社区建设，是一种比较适合名人纪念馆的发展趋势。

1. 构建社区精神文明家园

社区是若干社会群体或社会组织聚集在某一个领域里所形成的一个生活上相互关联的大集体，是社会有机体的基本单位，是宏观社会的缩影。通常认为一个社区应该有一定的地理区域，有一定数量的人口，居民之间有共同的意识和利益，有着较密切的社会交往。[①] 绝大多数名人纪念馆是以名人故居或名人工作和相关事件发生的地点为载体而建立的，坐落在一定的社区范围内。如前所述，名人是在历史上做出过重大贡献，在某些领域产生过巨大影响，具有较高知名度的人物。我们纪念他们，主要在于他们的精神、他们在专业领域的成绩和贡献。因此，不仅他们是弘扬爱国主义精神的最好典型，而且他们在相关领域的钻研和执着，他们取得的成绩和对社会的贡献，始终是与社会主义核心价值观相一致的。名人纪念馆通过在馆内和社区举办展览，通过形成系列的紧跟时代主题的文化活动，构建一个或几个社区的精神家园，这是服务社区建设的重要方式，对于弘扬爱国主义精神，宣传社会主义核心价值观具有重要意义。

2. 服务社区文化建设

2007 年，国际博物馆协会对博物馆进行新的定义：“博物馆是一个为社会及其发展服务的、向公众开放的非营利性常设机构，为教育、研

① 参见百度百科 https：//baike. baidu. com/item/社区/904140？fr = aladdin#3。

究、欣赏的目的征集、保护、研究、传播并展出人类及人类环境的物质及非物质遗产。”① 其中，“教育”取代了三十多年来“研究”作为博物馆各项业务工作的首要位置，这反映了国际博物馆协会对博物馆社会职责认识的调整，即“将‘教育’作为‘征集、保护、研究、传播、展出’等博物馆基本业务的共同目的，也就是说，博物馆各项业务活动都应贯彻‘教育’的目的……各项业务活动要协调配合，发挥各自专长，使博物馆教育发挥实效，丰富多彩”②。

名人纪念馆往往凝聚着纪念对象所经历的时代的记忆，纪念馆内的原状陈列更是对过去某一时代生活场景的再现。因此，名人纪念馆是一个城市、一个地区的文化名片。纪念馆专业人员进行的研究工作，是纪念馆弘扬传统文化、讲好中国故事的基础，在此基础上推出的展览，设计的讲座、表演等活动，提供给观众了解相关人物、解读历史背景最真实的信息，这样的文化活动，配合必要的现代展览手段、感人的生活情节、生动的历史场景，既丰富了观众的文化生活，又比任何戏说、话说的形式更具科学性和真实性。同时，多数名人纪念馆本身就是具有历史渊源的古建筑，具有丰富的历史和文物价值，一些不在原址基础上建立的纪念馆，也多以场景再现以及数字化的形式再现古建筑的模样，使得纪念馆具有开展传统文化活动的环境优势。

3. 构建社区居民交往的中心

快节奏的现代生活拉开了人与人的距离，城市的建设、生活环境的改善改变了传统社区生活的模式，邻里之间变得很陌生。“在一些西方

① A museum is a non-profit, permanent institution in the service of society and its development, open to the public, which acquires, conserves, researches, communicates and exhibits the tangible and intangible heritage of humanity and its environment for purpose of education, study and enjoyment（国际博物馆协会 2007 年对博物馆定义的英文文本）。

② 参见 http://blog.sina.com.cn/s/blog_90120c810100yfkf.html；宋向光《国际博协“博物馆定义的新调整”》，中国高校博物馆的博客，2011 年 10 月 25 日。

国家，博物馆维系社区文化认同的重要作用越来越得到强调。社区博物馆不仅被认为是社区历史、环境、现状的收藏、研究与展示中心，同时还是一个构建社区共同记忆、加强社区群体认同、激发社区可持续发展的创造性活力，社区公益性活动的中心。”① 作为可以实现社区博物馆功能、在一定范围内形成辐射力量的纪念馆，通过开发与故居所在社区历史、记忆相关的展览活动，特别是与传统民俗、传统工艺有关系的展览活动，或者是举办社区居民相关作品的展览，可以凝聚力量，实现居民观众在娱乐休闲、陶冶情操的过程中，增进邻里之间友善的情感，培养互助的精神的目的。

4. 搭建社区知识传播的平台

除了开发上述与自身纪念对象、旧居所在地相关的展览、讲座、活动以服务社区建设，名人纪念馆还可以通过调研居民需要，策划开发以传播科学知识为主题的相关活动，为提高社区居民的生活质量提供服务。

2016 年，笔者在走访所居住的社区居委会时，了解到基层群众性自治组织特别需要关于生活安全方面的知识宣传，很期待相关单位帮助提供相关的科普知识。例如，随着经济的发展和生活水平的提高，在北京生活的市民购买和使用机动车的数量逐年增多。尽管学习汽车驾驶时都要通过驾校严格的考试，但并不意味着驾车技能和遵守交通常识的行为习惯同时通过认定。机动车数量和驾驶员数量的高速增长，也面临着经济发展、生活改善优先于相应教育的发展的情况，在汽车驾驶与安全知识方面，需要普及和宣传的还有很多。安全知识相关信息的反复传达，潜移默化的影响，非常有助于形成安全意识和习惯。又如，垃圾分

① 宋向光：《博物馆应自觉融入社区建设》，载李文儒主编《全球化下的中国博物馆》，文物出版社 2002 年版，第 140 页。转引自兰维《文化认同：博物馆核心价值研究》，《中国博物馆》2013 年第 1 期，第 23 页。

类是提高垃圾的资源价值和经济价值，最大限度地实现物尽其用的好方法，在一些国家和地区，垃圾分类已经做到了极致，细化程度和居民的执行力度都非常值得学习，而我们很多时候甚至还不能清楚地区分可回收垃圾与不可回收垃圾，更谈不上详细的分类。这种与我们自身生存息息相关的环境保护方面的传播和教育，关系到绿色、美好、和谐生活的实现。因此，特别需要活跃于社区，能够长期便利地服务社区的各类博物馆发挥优势和作用，到社区送展览，积极宣传，推进居民高质量的生活，改善环境，促进社会和谐。

三 对名人纪念馆服务社区的思考

对博物馆学的研究、博物馆事业的发展和社会对博物馆提供服务要求的提高，从科研和实践的角度对博物馆的社会价值、社会功能提出了新的课题，名人纪念馆面对的情况亦是如此。服务社区，无疑是多数在场馆规模、藏品数量、人员情况和受关注程度相对大馆较弱的名人纪念馆提升公共服务能力的重要方向，在这一方面，名人纪念馆需要做得更加系统、细致和精彩。

首先，很多名人纪念馆本身是各级各类文物保护单位，故居或者旧址本身不仅为业务工作的开展提供必要的环境和氛围，也是其开展各项工作的载体，管理、保护好历史建筑是纪念馆的重要职责。

其次，纪念馆服务社区工作，要注重对纪念人物的研究，把握纪念的主题，找准定位，在全面客观地理解纪念对象、明确纪念主题的基础上，设计服务社区的各项展览、活动，既能体现纪念馆或人物的特征，又能将主题融入整个社会价值体系中。

最后，名人纪念馆的相关业务工作、展示内容和活动主题往往容易受到藏品影响，显得单一、狭窄，要注重在专业领域的精准深入，注重与其他纪念馆、博物馆的合作，注意在活动中增加游客的体验，使服务社区的工作兼具科学性、专业性，又能生动有趣。

前任国际博物馆协会主席的雨果·戴瓦兰先生在总结新博物馆不同于传统博物馆的四点功能时提出：第一，新博物馆应该是服务于现在和未来的数据银行，它必须与社区之根相连接，并且提供人类生态的有用信息。第二，新博物馆应该是变迁的观测台。它必须记录受现代化过度影响的文化、现存社会价值和传统生活方式。第三，新博物馆应该是一个工作坊，社区内的居民能够相聚于此，选择有用的材料和信息并吸收它们，以主动发挥他们的创造性和争取他们的利益。第四，新博物馆应该是反映过去价值观和传统的展览柜。这些传统和价值观通过人们现在的认知来展现和延续。①

名人纪念馆尽管是纪念过去的人物和事情，但它服务的是当下社会，名人纪念馆与基层社会组织建立更多的合作，通过传达贴近观众生活的知识与情感，传播沟通过去与未来的习惯、理念与价值观，从政治、文化、教育等方面为观众提供服务，在传承城市文明、塑造城市精神、促进社会和谐等方面发挥更重要的作用。

（作者系徐悲鸿纪念馆副馆长、副研究馆员）

① 陆瀛：《社区博物馆理念下的文化遗产旅游研究——以福州三坊七巷社区博物馆为例》，厦门大学2014年硕士学位论文，第10页。

直面当下　启迪未来

——对于名人纪念馆展陈思路的考量

杜永梅

人物纪念馆是我国博物馆的一个重要分支，此类博物馆因“纪念”而生，更加强调“榜样的力量”，是要通过对杰出人物的纪念和展示，保存和传承公众记忆，维护和塑造社会主旋律，促进名人效应的持续发挥，这也是建设各类名人纪念馆的初衷。这种特有的文化内涵，将人物纪念馆与其他博物馆区别开来。但这种先天而生的价值判断，却与当下社会年轻一代强烈的“反对教化”心理相悖。在此背景下，“润物无声”的展览展示明显更得人心。如谥号般堆叠的溢美之词，只会让人敬而远之。

因此，名人纪念馆制作展览时，除了精准的人物精神提取，还要在对展品的深入研究基础上，进行深入解读，实现真实感人的人物事迹追叙，设计出直面当下、启迪未来的展览，进而走出名人纪念馆“被高高挂起”的窘境。

一　沟通名人与观众的展陈思路

人物纪念馆作为博物馆家族的一个分支，其建馆的宗旨以及展览展示的主题，不应仅停留在对名人一生业绩及其精神的表达上，其终极目标仍然是要长期发挥名人效应，实现名人精神的社会化认同，推动社会主义核心价值观的塑造，这就要求纪念馆的展陈“活起来”，而不仅仅是对名人事迹的简单堆砌。

北京大学宋向光教授指出：“真正的‘活起来’是要让藏品与观众的生活发生交集，对观众的自我发展发挥积极的作用，让藏品在观众的生命长河中获得新的生命力。”① 让文物“活起来”，是要在博物馆展品与博物馆观众之间搭建好沟通渠道，以真实的物为媒介，实现人（就名人故居纪念馆而言，就是“名人”）与人（展柜前的观众）二者之间的交流。通常情况下，这一通道即是纪念馆所举办的展览。当然，还有伴随该展览的讲座、出版的书籍、开发的文创产品等。毋庸置疑，展览作为纪念馆最基本的职能，是文物“活起来”的主干道，也是纪念馆开发的最重要的文创产品。这种沟通面向的并不是过去，而是未来。

对于名人纪念馆而言，要在观众和展陈对象——名人之间建立沟通通道，使名人故居的展览摆脱“自说自话”的尴尬局面，使纪念馆展览变得友好、可达，使纪念馆参观变得真实有效。同时，要以更积极的态度培养观众对于展览的亲近感。

二　展览主题的“靶向性”设定

对人物纪念馆来说，人物相关的藏品在没有进入纪念馆之前，是仅仅属于历史人物的个体记忆见证。但当它们进入纪念馆，并且成为展览的一部分，就具有了新的意义，成为公共记忆的代表物。人物纪念馆展览是将人物“个体记忆”上升为“公众记忆”的平台，展览主题则在这一转换过程中承担着轴心的作用，它赋予展品实物以具体的意义指

① 宋向光：《感受藏品的温度　让藏品“活起来”》，《中国文物报》2014 年 8 月 5 日第 6 版。

向，使其成为维护公众记忆、传承人物精神的载体。[①] 展览主题的提炼水平和立意高度决定了展览的思想高度和教育程度，并且在很大程度上确立了展览的审美性和整体风格。只有提炼充分、立意高尚的主题定位，才能最大限度地反映出人物精神实质，使人物纪念馆展览富于意义，有教育性。

1. 展览主题的“标识性”作用

一个成功的人物纪念馆展览，其展览主题必须具有“标识性”作用。

所谓“标识性”，是指展览主题必须能够清晰表达出纪念对象的独特之处，准确把握其最本质的特点。展览主题如同纪念对象的“身份证”一样，与纪念对象有着唯一的对应关系。

展览主题需要清晰表达人物独特的贡献、思想和精神，充分凸显人物的个性特征，而非放之四海而皆准的空话、套话。展览主题自人物而来，自然也应回溯人物而去。由于人物和展览主题形成了一对一的对应关系，因此可以通过展览主题来辨识所展示的人物。具备清晰辨识度的展览主题，确立起人物独一无二的个体特征，表现出展览策划者对于人物的准确把握，帮助观众迅速而正确地领会到人物的精神实质。就像提到“为人民服务”，我们自然而然会联系到雷锋纪念馆；提到“铁人”精神，这就是王进喜的“身份证识别码”。

人物纪念馆展览所具有的立意高度，并不在于是否给予人物足够的高度赞誉，是否对人物施以足够的溢美之词，而在于是否针对人物特点，将其不同于其他人物的贡献、思想和精神充分提炼出来，实现展览主题的“靶向性”设定，并且明确这些贡献、思想和精神确实能够让观众获取知识、受到教育、取得自身的前进动力，这是人物纪念馆展览思

① 俞文君：《人物纪念馆展览内容设计研究》，复旦大学2010年博士学位论文，第1页。

想性、教育性的实质所在。人物纪念馆展览要在信息化和商品化浪潮席卷下的社会环境中，为整个社会树立起正确的价值观念，以人物精神和贡献为参照，为观众提供一条“个人如何在社会中有意义地存在”的思路。为了达到这一展陈标准，展览策划者应采取相应的提炼方法，秉持“透物见人，更现精神”的原则，从人物生平事迹中提炼出人物的精神实质，特别要注重对人物精神风貌的把握，使其能与当下时代衔接，为人物与观众之间的沟通架起一座桥梁。

2. 展览主题的凝练与提取

展览主题的凝练与提取，是一项需要深入研究的工作，研究对象包括藏品、文献、音频、视频、回忆录、研究文章等。

与一般的人物研究工作相比，人物纪念馆展览学术研究资料的收集和研究最大的特点在于，不仅要阅读历史文献，整理档案资料，还要接触纪念对象生活、工作过程中产生的实物资料，比如徐悲鸿的油画笔、老舍院内的柿子树、钱学森留下的大量计算数据。这些都要纳入我们的研究视线，并且形成一个个有关联的信息组团，然后从中寻找揭示和深化主题的元素。

当前许多人物纪念馆展览策划中不注重对学术资料的独立研究过程，轻信个别人物研究专家的结论，唯人物亲属家眷的判断马首是瞻，脱离展览实际和展品基础，使展览主题陷于学术资料的窠臼或私人感情的拘囿中。用套路化、模式化的褒扬之词来作为展览主题，主题定位虽然看似高大全，实则没有真正深刻的立意。诸如爱国、奋斗、务实等一类用于刷标语、喊口号的光杆字眼，是不能够作为纪念馆的展览主题存在的，必须回归到人物自身特有的事迹上去。[①] 所谓回归，即将人物的具体表现和经历作为人物的精神实质，阐明人物的精神落实在何处，使

① 俞文君：《人物纪念馆展览内容设计研究》，复旦大学2010年博士学位论文，第60页。

人物的精神有所依托，让人物精神和事迹融合，凝练成兼具思想性和辨识性的展览主题。

经过深入研究，最终形成的主题表达，可以是如下几种方式：结合人物特质、结合人物事迹和结合人物语言辨识度。例如，四川广安邓小平故居陈列馆的主题词“我是中国人民的儿子”，就是提取了具有极高辨识度的人物语言作为展览主题。

必须要注意的是，要将人物闪光点与历史背景的结合做到科学、互不掩映。不因历史事件的描述淹没了人物，也不因人物脱离历史背景成为孤立存在。前者可以举出北京郭守敬纪念馆作为反例。该展览共分三个部分：生平大事、元代积水潭、大都治水。整个展览框架成了北京水利在元代的发展史，作为展览主角的郭守敬完全被淹没了。整个展览并没有全面地表现出郭守敬在天文、测量、算学等其他科学领域的创造和成就，从而无法有力地衬托出郭守敬作为“科学巨星”的人物定位。接下来就以笔者所在的徐悲鸿纪念馆为例，对这一问题进行例证说明。

徐悲鸿纪念馆作为国内收藏徐悲鸿作品最多的专业机构，有责任、有义务将其成就与精神风貌阐释清楚，并实现传承。作为书画名家纪念馆，与其他名人纪念馆或者单纯意义上的美术馆相比，徐悲鸿纪念馆的工作目标还是有很大不同的。

中国美术馆的官网上，对于其建馆宗旨有如下描述：中国美术馆是以收藏、研究、展示中国近现代艺术作品为重点的国家造型艺术博物馆。在这个定义里，“艺术作品”是主题词，也是该馆的主要工作对象。而徐悲鸿纪念馆的建馆宗旨是“纪念”，“徐悲鸿”是该馆展览、展示的主题词，也就是说，徐悲鸿纪念馆收藏的大量艺术作品，都是作为“论据”存在的，是要为“徐悲鸿”这个论点服务的。因此，徐悲鸿纪念馆的展览展示应该围绕徐悲鸿这个人来展开，而不是他的作品。

徐悲鸿一生的成就主要集中在两个方面，一是其美术成就，二是其美术教育思想对中国美术教育发展的深刻影响。徐悲鸿提出“中国画改良”主张，正是社会变动最为剧烈的20世纪初，当时中国美术界第一次直面西画，并且为此发生争论、抉择、取舍。毋庸置疑，徐悲鸿的这一主张以及他百折不回的实践，最终使他成为中国近代美术发展史上丰碑式的人物，他所提倡的“中国画改良”与“油画的中国化”问题，迄今仍是中国美术发展进程中两个最重要的问题。而他的美术教育思想，奠定了中国写实主义美术教学体系的基础，影响了20世纪以来中国美术教育的发展方向。由此可见，只有将徐悲鸿及其成就置于20世纪中国美术发展的背景下，才能做出正确的定位，徐悲鸿纪念馆的展览展示主题才能真正反映出徐悲鸿的成就与精神。

三　友好、可达的展览阐释

定位精准的展览主题，还需要与之相匹配的展览内容来阐释。

1. 展品与信息——展览内容构建的基石

人物纪念馆的实物藏品，多数都难有“吸引眼球”的效果，这样“卖相不佳”的实物藏品，要足够支撑起一个展览，首先必须扩大藏品征集范围，优化展品结构。在人物故居、遗址、纪念地以及相关书籍、报刊、手迹、生活用品等有形物之外，图像资料、文献资料、视频材料及录音资料（如相关见证人的口述档案）等无形物，作为人物经历的物证材料，也归属于展品范畴。而且就其信息内容和价值来说，视频、录音、口述档案等无形物可能更为丰富和重要。其次是进行充分的信息挖掘工作，从实物中取得有传播价值的信息内涵，为凝练展览主题、构建人物形象而服务。这里的“信息”，并非单指信息技术手段，而是指在纪念馆陈列中一切不以实物为转移的陈列内容和展示手段。若从传播学角度来解释，它是包含了价值观表述、主观意识表达和历史记忆表现的信息传播内容。其中既包含了陈列中所涉及的主体价值观表达，也包含了与之相关的客观历史叙述，它是观众认知纪念对象、认同价值观的主要来源，也是观众更好地理解和消化实物的背景材料和学术支撑。①

例如鲁迅纪念馆陈列的鲁迅亲自设计的刊物封面，其背后的信息就是鲁迅先生在审美方面的独特造诣，如果仅仅将这些刊物摆放在展柜里，其传播的信息就会受到极大的限制。又如钱学森图书馆收藏了大量的钱老手稿、书信，该馆就将这些藏品的信息深入挖掘，设计了序厅“升腾的智慧”。该厅顶部悬挂了4015张钱老生前的手稿模型，组合成了极具震撼力的红色倒金字塔造型，给观众在视觉上形成巨大震撼。这也是信息表达的方式，寓意钱学森以红色爱国主义情怀点亮超凡智慧人生，无数升腾的书信、手稿，正是钱学森一生爱国、奉献与智慧的化身（图一）。这种艺术形式使人物特有的“精神”与内在的“魂”得到最大的彰显，是人物特征最直接的提炼与升华。

2. 从科研到科普——构建“活”的展览

纪念馆展览主题的传达，应该有科研与科普两个流程。科研是研究展品，“以其昭昭”；科普是要将科研成果通过展示、设计手段，转化成为观众可以有效接收的成果，意在“使人昭昭”。当然，这里有必要说明，基于真实藏品的科研成果形成的结论，并不是百分之百能够通过“科普”传达的，即使采取了“科普”方式，因为参观是一种主动性极强的学习过程，对于展览目的的接受也会千差万别，这一点我们在后面还会论及。

① 俞乐滨：《纪念馆断想：“实物”和“信息”双核心定位下的现代纪念馆陈列》，《双俞文博_纪念馆老俞的博客》，http://blog.sina.com.cn/s/blog_de73a03b0101pf0q.html。

文物“活起来”与否的衡量标准，取决于展览通道构建是否通畅，检验的标准是通过观众真实有效的参观行为实现的。对于观众在纪念馆的参观行为，如何评判为真实有效，而不是浮光掠影，北京大学宋向光教授给出了这样的评判标准：“博物馆观众是在特定展陈环境中，对环境中感兴趣的物品及相关信息进行了解，对获取的信息进行解读和整

图一　钱学森图书馆序厅

合，并依据自身知识体系对展陈中获得的片断内容进行重构，从具体的物抽象出有意义的普遍性认识，从而得到自身知识体系的优化、学习能力的加强和情感的认同与升华。”[①] 宋向光的这段话，促使我们从业人

① 宋向光：《构建意义：博物馆展陈新取向》，《中国文物报》2014 年 9 月 16 日第 8 版。

员反思自己的工作（你做的展览不过是“自说自话”），也促使参观者反思自己的参观行为（这次参观可能是无效的）。

“打铁先需自身硬”。人物纪念馆展览如何摆脱“自说自话”的尴尬，从严谨完善的科研转换到通俗易懂的科普？

如前文所述，早在展览主题的提炼过程中，就已经开始了藏品的搜集和研究，从中提炼出其精神风貌和成就，进而分析其社会价值和历史价值。而在陈列策展阶段，需要把上一阶段理性分析所获结果，用一种观众能理解和接受的方式转化成主题陈列，理顺庞杂无绪的史实信息后，编成井然有序的展陈脚本，然后挑选和安置原本独立的各类实物，组成有解读性的展品组合，使主题陈列呈现出理性的思维方式和感性的表达方式。

既然是脚本，就必须有完备的结构，有起承转合，有高潮低谷，使观众在参观过程中，通过主题陈列进行有效的理性学习和深刻的感性认识，并认同纪念对象的社会价值和历史价值，进而对自身的思想和行为产生自我审视、对照乃至矫正，只有这样，纪念馆陈列才算达到了其应有的展示功能与教育功能。

3. 友好、可达的展览内容阐释

以上只是走完了展览文物阐释的第一流程——科研。科普是第二流程，是将科研成果转化成展览语言，用空间设计、色彩、展品组合、氛围营造、文字系统、互动设备等，将展览变得友好、可达。对于这一点，国外博物馆学者引入了“分众传播”这一理念。“分众传播是博物馆展览设计最重要的原则，它包含了两个不同的部分：一是使用互补的媒介来满足不同观众的学习偏好，提供一系列可选择的体验；二是分层级的展览内容能够保证展览主题可以快速容易地传播给每一位观众，同时提供深层次信息给希望学习更多的观众——这有一点类似于报纸上的标题和正文的关系。”① 这一理念，其实暗合我们的“三贴近”原则，就是要考虑各层次观众的参观需求。我们的策略是通过设计和内容，减少潜在的参观障碍（包括物理的、智力的、感官的、语言的、文化的）。根据这个原则，设计者应该让展览对象更容易阅读、观看、听到或者互动，例如大号的文字、清楚的图像、好的色彩对比度以及直观的界面。多感官互动则是进一步加强纪念馆展览可达性的方法。

笔者认为，对于专业学者的参观需求，应该放在最后考虑，因为他们走出展厅后，还有更多的方式来满足自己对于展览的专业学习，普通观众的参观可达性应该被置于首位。

有关展览内容的可达性，前段时间上海博物馆的“‘遗我双鲤鱼’——上海博物馆藏明代吴门书画家书札精品展”（简称“吴门书画家书札精品展”）可以作为典范来学习。该展览没有把书札的艺术成就作为展览重心，而是通过书札，为我们理出了明代吴门一派的柴米油盐酱醋茶，非常“接地气”。

在展览中，吴门书家的书法各具风采，祝允明的激越跳荡、文徵明的清秀遒美、王宠的古雅超迈、唐寅的潇洒俊逸……都体现在最日常的书札书写之中。这个展览的设计就考虑了参观者的层次，既顾及关注书法之美的专业观众，也考虑到普通观众的精神需求。这在展陈说明的制作上体现得最为明显。

此次展览的书札，很多以草书书写，一气呵成。不加标点的行草书，加上文言文的用语，如果只是十几个字的便条，观众可能还可以勉强辨认；但要是一通长篇大论又涉及专业词汇的书札，对于不识草书、不识繁体字、不识篆书（印章）的观众而言，肯定无法读懂。为此，这个展览将很大精力用在了展陈说明上。每件展品包括三个基本组成部

① ［英］David Masters：《意义建构：博物馆最佳传播实践的探索》，许捷译，《东南文化》2017 年第 4 期。

分：一是书札本身；二是两张并排摆放的说明牌，一张是作者的信息和收信人的情况，另一张是信札内容的白话文翻译，写得比较好的作品还会配有艺术方面的解读；三是此件展品的二维码。比如祝允明（祝枝山）致文贵的《登高落帽帖》，原文为："登高落帽，皆为风师雨伯阻之，虽病齿少饮，安能郁郁独抱膝坐屋子下对淋淫乎？驼蹄已熟，请午前来，呼卢浮白，共销之也。一笑。允明顿首。文贵兄足下。"半古文的用词加上放逸豪纵的草书，大部分观众看了释文仍旧一知半解。展厅内的说明牌直接用白话翻译为："登上高处，被风吹落帽子，都被风雨阻挡。虽然我牙齿不好，很少饮酒，但怎么能够在家里一个人孤零零对着风雨呢？驼蹄已经熟了，请您中午前过来，我们一边喝酒一边博戏，一起把它吃掉吧。"祝枝山自由随性、风流倜傥的形象跃然纸上，一下子拉近了观众和展品的距离（图二、图三、图四）。如果一些书法、文史爱好者，看白话文仍嫌不足，还可以扫描展品的二维码，进入上海博物馆的微信平台，里面有更为全面的释文和解释。

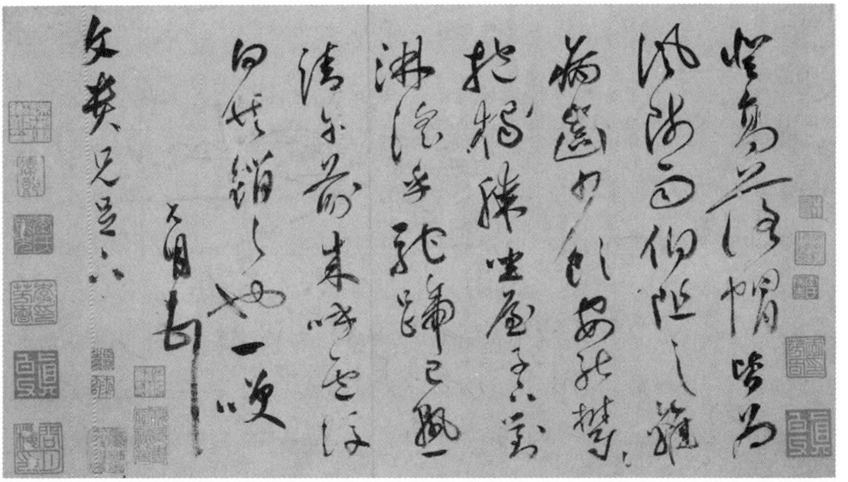

图二 祝允明致文贵《登高落帽帖》信札

祝允明致文貴札

祝允明（1460–1527），字希哲，号枝山、枝指生等，长洲人。能诗文，工书法，诸体皆精。与唐寅、文徵明、徐祯卿合称吴中四才子，有《怀星堂集》。

藏品圖

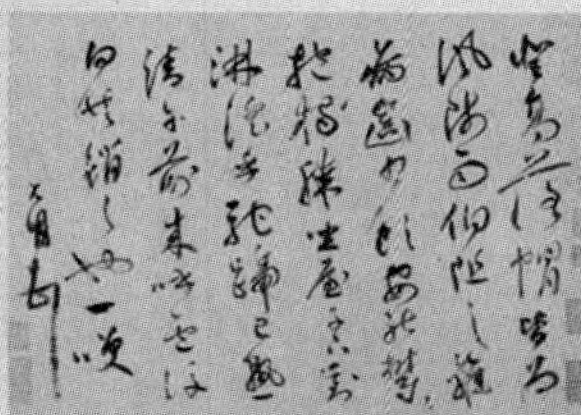

点击放大

原文釋文

登高落帽皆為
風師雨伯阻之雖
病齒少飲安能鬱鬱
獨抱膝坐屋子下對
淋淫乎駝蹄已熟
請午前來呼盧浮
白共銷之也一笑
允明頓首文貴兄足下

图三　祝允明致文贵《登高落帽帖》信札说明牌之一

祝允明致文貴札

| 朗读者：杨朝铭 ▶　朗读者：杨朝铭（配乐版）▶　朗读者：刘一闻 ▶

藏品圖

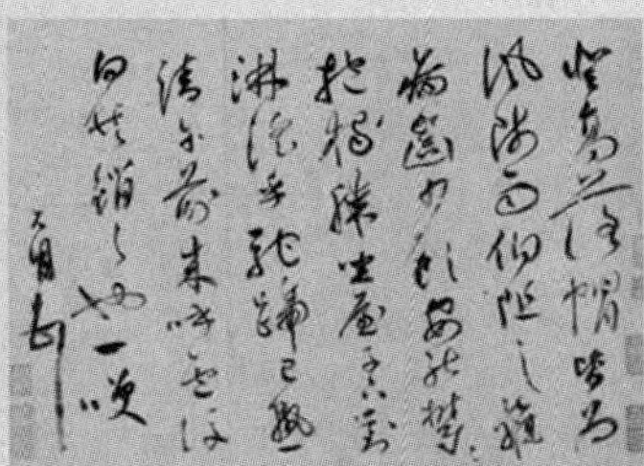

点击放大

釋文

登高落帽，皆為
风师雨伯阻之，虽
病齿少饮，安能郁郁
独抱膝坐屋子下对
淋淫乎？驼蹄已熟，
请午前来，呼卢浮
白共销之也。一笑。
允明顿首。文贵兄足下。

白話文釋文

登上高处，被风吹落帽子，都被风雨阻挡。
虽然我牙齿不好，很少饮酒，但怎么能够在家里一个人孤零零对着风雨呢？
驼蹄已经熟了，请您中午前过来，我们一边喝酒一边博戏，一起把它吃掉吧。

图四　祝允明致文贵《登高落帽帖》信札说明牌之二

传统书法展览的陈列方式是孤立作品的呈现，参观方式是被动地观看。而这次吴门书画家书札精品展，将所有展品统一在明代吴门文人这个主题之下，使原本孤立的作品进入叙事语境，它所蕴藏的文化意义得以揭示，社会、历史信息得以传播，观众的参观方式也由“观看”转变为“对话”①。

近几年比较轰动的古代书画展，基本都是靠展品本身的分量，比如故宫博物院的石渠宝笈展、四僧展，上海博物馆的吴湖帆书画鉴藏展，苏州博物馆的吴门四家展，辽宁博物馆的古代山水画手卷展，等等。上海博物馆选择的这个吴门书画家书札精品展，主题不是很大，展品也不夺人眼球，但是胜在了展览内容的设计上，将每通信札作为一个小的切入点，见微知著，全面地还原当时吴门书画家的生活与艺术，整个展览无论从内容设计还是形式表达，都透露出友好、有趣、好玩的信息，与其他大展相比，可以说是别出心裁。这样的展览策划，无疑可以给书画类的名人纪念馆提供借鉴。

（作者系徐悲鸿纪念馆馆员）

① 沈山：《观展：和观众“说话”——“遗我双鲤鱼”——上海博物馆藏明代吴门书画家书札精品展》，北京大学考古文博学院公众号“源流运动”，2017 年 10 月 5 日。

故居纪念馆"体验式"参观模式的传播学分析

雷　琳

将名人故居赋予博物馆职能，并以博物馆的形式与大众产生信息联系，是一个特殊的博物馆学命题。对于名人故居这类有着天然纪念意义的公共空间，"纪念性"已成为名人故居与博物馆之间、已故名人与参观者之间重要的联结点。这使得名人故居向参观者进行空间呈现时，与一般的博物馆略有不同，即必须更加重视对故居空间的体验。而且，对参观者而言，在参观名人故居时，对故居空间的切身体验是参观过程中获取信息的最主要的部分。也就是说，这种"体验式"参观模式在名人故居的大众化传播过程中扮演着重要角色，是故居纪念馆实现社会职能的重要途径之一。对故居纪念馆这种特殊的参观模式进行传播学分析，对于名人故居目前的发展态势与未来的发展路径都有重要意义。

一　故居与故居纪念馆功能新解

纪念馆是一种新兴起的博物馆类型，又被称作"纪念性博物馆"。从我国的纪念馆发展来看，纪念性博物馆是新中国成立后新发展起来的一种类型的博物馆。[①] 其中，许多纪念馆以红色革命作为纪念主体，比如历史上发生的重大事件、著名烈士、重大历史事件旧址等，具有其政治使命与纪念意义。[②] 还有一部分可以称为“故居纪念馆”，其特征很明显：其一，纪念主体为曾居住于此的名人；其二，建馆地为该名人生前的重要居所之一。

故居纪念馆是纪念性博物馆中较为独特的一类，它所具备的纪念性使它扮演特定的社会角色，有着特殊的社会学意义。

故居纪念馆的纪念主体是某位名人，这些名人涉及政治、文艺、科学等各个领域。不过，由于纪念主体是一个立体的人物，其经历、成就、精神延伸不是单一的，这使得纪念馆本身并没有单一的政治、文化、科学使命。并且，这些纪念馆使用名人故居作为场所，多隐于城市之中，尤其是老城区内，其与城市历史风貌融为一体，成为城市记忆的一部分。如今的故居纪念馆，不仅是群体历史记忆建构的场所[③]，还是社会教育中不可缺少的重要角色。

故居纪念馆的形成不是一蹴而就的，需要经历从一个普通居住空间到具有博物馆文化意义的空间的转变，这首先需要对该故居的保护。北京作为有着悠久历史的政治文化中心，是一个名人故居较为丰富的城市，数量达到 80 家以上。通过查询文物保护单位名录可知，被纳入北京区级及以上文物保护单位共有 28 家。一般来说，故居保护以原址保护为主，异地复建为辅。由于故居保护和城市建设有着现实冲突，故居的保护工作并不容易，而且存在一旦毁坏便无法恢复的问题。故居资源是有限的，只有先行做好保护工作，保护起来的故居

---

① 王冶秋：《在纪念性博物馆工作座谈会上的发言》，《文物参考资料》1957 年第 5 期，转引自潘继业《我国纪念馆的发展：1949—1966》，《中国博物馆》2017 年第 1 期。

② 参见潘继业《我国纪念馆的发展：1949—1966》，《中国博物馆》2017 年第 1 期。

③ 参见俞文君《纪念馆群体历史记忆建构的统一、矛盾与融合》，《中国博物馆》2013 年第 3 期。

才能进一步博物馆化，其发展成为一个真正意义的故居纪念馆才有可能。

2014 年，一项关于名人故居的保护与管理调研报告[①]显示，在调研的共计 83 家名人故居中，完成修缮、现状良好、无安全隐患、历史环境和格局未改变的共计 22 家，占 26. 5%；文物建筑和环境基本保存，急需修缮的共计 23 家，占 27. 7%；建筑濒危、缺失或者被拆除的共计 38 家，占 45. 8%。

受到保护的故居场所，提供了具有纪念性意义的空间。由于故居保存状况不一、周边环境各异、保护条件和主管单位重视程度不同等原因，其保护和建设的程度也不同。在保持故居原貌的前提下，对故居主人的生前经历与成就通过展陈设计进行宣传，实现并完善其收藏、展示、教育、研究四个基本功能，是实现故居空间博物馆化的主要方式。相关工作主要有：对故居主人的旧物、作品等相关文物进行广泛收藏；对书房、会客厅进行直接空间呈现，借助合适的展室，通过文字、照片、作品等展陈语言进行更为丰富、更为多面的表达；举办相关的研究论坛、社区教育活动等。在进行上述工作的过程中，不断丰富和完善这些功能，就是对故居保护工作的延伸，实质上是在将故居逐渐发展成为故居纪念馆。

根据上述同一报告显示，在保护的基础上，被调研的 83 家名人故居中，已经建成博物馆、纪念馆或者参观景点、对社会开放的名人故居共计 21 家。

名人故居通过进行故居纪念馆建设，并且面向社会公众开放，能够展现出比故居本身更为丰富的公共空间，让故居与大众之间有了更多形式（如生平展、馆藏文物展、学术讲座、社教活动等）的信息互动，

① 数据来自北京市文物局科研课题《名人故居的保护与管理调研报告》，《北京文博》2016 年北京石刻艺术博物馆特刊。

这就为故居文化进行更有效的大众传播提供了基础。

二　独特的“体验式”参观模式

大众对故居纪念馆的初步理解，是可以进入真正的故居空间，寻求对故居主人生活或者工作环境的直观体验，也就是说，观众对故居空间本身的参与有着比一般的公共空间更多的探索性与仪式性。考虑到来故居纪念馆参观的观众群十分庞杂，观众的知识储备和认知各不相同，一般通过生平展、大事展等形式对故居主人的经历与成就、精神与影响进行大众化阐释，使观众可以通过展览中直观的大众化阐释，丰富或是重构对故居主人的认识。而且，观众可以通过对故居主人生活空间的直接感受和体验，对故居主人的生活状态有更为感性的了解以及想象。这个过程是公共与个人、时间与空间的独特碰撞。从这个意义上讲，这是一种带有时空体验性质的参观模式，这个模式产生于时光流转后，私人空间转化成公共空间，又从公共空间转化成个人体验的独特过程。可以说，这种“体验式”参观模式，对故居纪念馆来说，是独有的、不可替代的。

在纪念馆建立过程中，呈现出对故居空间不同的利用方式，一般有以下三种。第一，对原故居空间的直接利用。例如宋庆龄故居、郭沫若故居、老舍故居，是在原故居利用原空间，设原状展以及生平展、文献展等。第二，对原故居空间的改扩建。例如北京鲁迅博物馆，是在北京鲁迅故居基础上，在旁边直接扩建纪念馆，使故居空间与新空间相统一，并在旧址进行原状展示，于新建空间中进行其他扩展性展示，或用以其他博物馆功能。第三，对原故居迁址并且改扩建。例如徐悲鸿纪念馆，由于市政规划拆除后迁址，在进行现代化改建后，其故居空间将通过复原展厅来实现。

虽然对故居空间的利用有多种方式，但是对观众来说，都离不开对故居纪念馆核心空间的“体验式”参观。

故居纪念馆的核心空间展示，从形式上可以称之为“原状展示”。这种原状展示与现在博物馆中常见的复原场景搭建类似。不同于博物馆的是，故居是直接展示，博物馆则是对复原景观的二次运用。居住空间的直接还原和复原场景的二次运用所能给予观众“体验”的程度是有区别的。主要表现在空间的不同。一种是直接步入传统院落，另一种则需要步入现代化场馆。现在已经有学者开始研究博物馆空间中逐渐实践和运用的“体验式展览”，这个概念就包含了用复原场景陈列的方法，“使观众全程通过感官体验来认识、理解甚至思考展览所表达的信息”[①]。对故居纪念馆来说，这种原状展示的空间资源弥足珍贵，这种空间条件下所产生的独特的“体验式”参观模式，是故居纪念馆与观众之间不可或缺的互动方式。

三 “体验式”参观模式的传播学分析及发展探讨

故居纪念馆以人名加故居命名，通过对故居主人的纪念和展示，颂扬他们的高尚情操和对后人的影响。故居纪念馆作为群体参观场所，与大众产生信息互动，通过参观者对故居纪念馆的空间体验，使得参观者的个人感受从未体验印象达到体验后印象，这个过程就是最直接的传播过程。由于原故居空间是纪念馆的核心价值区，其与大众产生信息交流主要通过大众进入故居空间进行直观体验来完成。

博物馆作为视觉载体，阿尔珀斯曾作出这样的假设：博物馆中的每件展品都处于某种观看方式的压力之下。[②] 与公园、广场等其他公共空

① 李绚丽：《博物馆体验式展览初探》，《中国博物馆》2017 年第 1 期。

② ［美］斯维特拉娜·阿尔珀斯著：《博物馆：一种看的方式》，周韵译，载周宪主编《视觉文化读本》，南京大学出版社 2013 年版，第 410 页。

间不同，博物馆空间提供的就是这样一个有着某种信息传递与接收的场所，它“是一种大众传播媒介，围绕信息传播开展的活动，都具有传播学意义”[①]。也就是说，这还是一个被赋予“传播压力”的空间。这构成了观众进入博物馆所具备的天然的观看期待，这种观看期待也就是观众已经做好了一种信息接收的准备：我要在这里“看”，在这里“听”，在这里“想”。

对原故居空间的观看，阿尔珀斯所说的“某种观看方式的压力”更为明确和纯粹，那就是进行个人直观体验。

在这里我们以拉斯韦尔 5W 传播模式分析这一传播过程。在这种直观体验中，有如下的一个对应：

谁（who）	传播者	故居空间
说什么（what）	传播内容	空间本身
对谁（whom）	接受者	参观者
通过什么渠道（what channel）	传播方式	真实体验
取得什么效果（what effect）	传播结果	从未体验印象达到体验后印象

也就是说，这个传播过程是通过“体验”这种参观模式，由“空间”相对“个人”产生，并最终体现于个人的信息接收。

每一个观众在进入故居空间之前，都有对于这位名人的了解，这种了解更多的是一种碎片式的了解——或者了解其某段经历的社会影响，或者了解其生活的基本时代背景，或者了解其某段文字、某个作品等。对一个观众来说，其对该故居原主人不同程度的了解构成了不同的参观动机。我们对这些参观者做一个简单的划分，可以将其分为无知型（对纪念主体的信息了解非常有限）、浅知型（对纪

① 包东波：《大众传播视角下的博物馆功能初探》，《中国博物馆》2012 年第 1 期。

念主体的信息有基础的了解）、深知型（对纪念主体的了解很深入，甚至是研究）。尽管没有调查数据，我们可以直接根据统计学中正态分布的规律来判断，参观者中浅知型数量最多。如何通过更好地调动浅知型空间体验的过程，如何引导这一传播过程更为丰富，给参观者留下深刻的、受到积极力量的、美好的体验后印象，是故居纪念馆的从业者应该去思考与解答的问题。而解决方式，就是要把重点放在故居空间的构建与其他辅助空间的展线排布、对故居空间的引导性解读等方面。

场景复原程度、是否有突出的复原重点、围挡设计、标牌设计等，都会对参观者在体验空间时产生影响。故宫博物院将内殿打亮的做法，就是空间体验意义上对空间构建的调整方式。故居纪念馆都应该把故居空间的构建思考得更为完备，而不是做一个简单的原状陈列摆出来，或者过度保护、封闭空间等。故居空间有其本身的复原场景，但是复原哪里，怎么复原，各个地方与参观者的距离如何，互动如何，标示牌的风格是否突兀，庭院和其他空间是否适合展线的设计，如何设计等，这些都是将一个空间作为主体进行传播时，会对传播效果产生影响的因素。

当我们站在接受者的角度看待这一传播过程，就更加明确，每个观众在对故居空间进行参观的时候，首先会身临其境，真实地站在这位名人生活过的地方；然后是感同身受，对故居房间的大小、桌椅的摆放以及树木或者环境进行基本判断；进而真情流露，产生对这位名人叹惋、敬佩等某种情绪；最后良久回味通过名人反观自己，进而引发对当今社会的感悟以及对自我的思考，甚至做出改变。这也就是故居这一文化载体进行信息传播时发生的最为完整的过程。那么，故居空间是否能够产生代入感，是否能够提供足够信息，能否提供足够时空的空间，是我们在进行传播学思索时需要审视的问题。

对于大众传播的功能，结合拉斯韦尔和赖特两位传播学大家的学说[①]，构成了现在通行的四功能说。其中一个功能为“文化遗产传承”，即把思想、观念、文化、习俗等传递给下一代。故居纪念馆所介绍的名人经历各异，领域不同，但是故居文化所承载的精神内核却是一致的，所承担的文化传播功能也是相同的。从这一意义上讲，拥有着有限故居空间资源的故居纪念馆，是在无限地创造大众与故居空间之间的信息碰撞。

故居纪念馆具备博物馆的基本功能，苏东海先生在对博物馆的演进进行研究时，提出了博物馆建馆思想分化路线，其中一种是博物馆功能下的专业化路线，另一种是博物馆职能下的社会化路线。随着科技的发展和生活方式的变革，博物馆的功能与职能日渐复杂，互联网以及移动互联时代都不断给予博物馆新的展现方式和角色定义。单霁翔在谈到博物馆的角色改变时，以“深刻的文化演变”形容博物馆界逐渐对社会化路线的关注与整体倾向。即从“文物藏品导向”转向“社会需求导向”，以“文物藏品为本”转向“以人为本”[②]。事实上，故居纪念馆展现出更明确的社会化特性，从其“体验式”参观模式即可窥见故居纪念馆与“人”的紧密联系，特别是“故居空间”与“人”产生的传播学下的互动。

因此，在新博物馆学倾向社会化功能，逐渐“以人为本”的进程下，故居纪念馆也应该呈现出更人性化、更丰富的面貌。对故居空间从传播学意义上的分析，就提供了“以人为本”的思路。故居空间里原状陈列应该引入互动调整，不要将参观者拒之门外。另外，可以在其他

① 1948年，［美］哈罗德·拉斯韦尔发表了《社会传播的结构与功能》一文，提出了关于大众传播的三种基本功能，这三种功能是监视环境、协调社会以及文化传承。1959年，［美］查尔斯·赖特又从社会学的角度，为其补充了“娱乐”功能。由此形成了传播学中经典的大众传播四功能说。

② 单霁翔：《关于新时期博物馆功能与职能的思考》，《中国博物馆》2010年第10期。

的辅助空间、辅助展厅里，提供科技手段下深化体验的互动方式，这不失为一种新兴的大众传播热点。在展示设计中突出某个重点，来制造参观者体验后的“记忆点”，需要博物馆人的重视和规划。还需要注意的是，在故居空间内探索数字化的可能性时，应注意不能破坏原有的空间意境，那样反而会削弱故居的历史文化意义。

故居空间有其独特的传播过程与传播意义，重视故居纪念馆与参观者之间的传播学分析，是改进故居空间构建、打造新故居文化必不可少的一步，也是在新博物馆学发展下为故居纪念馆提供了一个新的思路。

（作者系徐悲鸿纪念馆工作人员）

浅谈小型名人故居学生义务讲解员的培养工作

刘　洋

博物馆是为社会及其发展服务的非营利性永久机构，并向大众开放。它为研究、教育、欣赏之目的从事征集、保护、研究工作，传播并展示人类及人类环境的见证物①，发挥着收藏、研究和社会教育的作用。

北京李大钊故居作为博物馆大家庭中的一员，具有博物馆的基本特征，拥有藏品和基本陈列。在对外开放的同时，不仅要配备经营管理藏品的专业人员，还要拥有开展社会教育的专业人员。而在开展社会教育的专业人员里，战斗在最前线的就是讲解员。

北京李大钊故居麻雀虽小，但是展陈做到“五脏俱全”。屋子并不大，原状陈列展线空间局促是不争的事实，甚至使说明牌的大小都受到限制。虽然展陈中注重合理利用空间，每一件展品的出现和摆放位置都是几经推敲、严格筛选，有着它存在的道理和意义，但在观众参观方式以追求视觉冲击力为主的当下，在不能强行加入现代化的演示设备扩展展品说明内容的同时，难免会产生观众内行看门道，外行看热闹，走马观花型观众看一圈下来，用不了 15 分钟就准备离开了。

---

① 王宏钧：《博物馆学基础》，上海古籍出版社 2001 年版，第 45 页。

讲解员就是连接故居与观众的桥梁和纽带，讲解员肩负着向观众介绍展品背后故事的艰巨任务，讲解员富有亲和力的讲解，能让无声的展品鲜活起来。

我馆人员编制少，不可能专门设置讲解员的岗位，但在预约工作中明确表示不需要讲解的团体观众少之又少，使得讲解服务的供需之间产生了极大的矛盾。尽管故居所有工作人员都是多面手，身兼基本工作内容的同时可以担负讲解任务，即便如此，在清明节、建党纪念日等重大活动来临之际，团体观众集中参观期间人手还是不够用，培养学生义务讲解员成为一个不错的选择。

一　培养学生义务讲解员积极认真的工作态度

学生义务讲解员既是故居的形象代言人，又是故居业务工作的得力助手。但义务讲解员没有收入，甚至连工作餐都没有。而且伴随着故居观众量逐年递增，学生义务讲解员的工作量也随之增长了不少。相对于其他职业或者其他岗位，他们的努力与回报真的不成比例。

笔者刚来李大钊故居工作时也是从讲解员做起。当讲解员很不容易，这种不容易不是光要背诵大段讲解词就能形容的，这种不容易我相信学生们也应该能感受到，何况他们还都是义务的。越热爱自己的工作就越觉得不容易，越热爱自己的事业心里就越觉得委屈，这种现状令学生义务讲解员困惑，而且是努力的方向都找不到。正如我所看到，李大钊故居的学生义务讲解员中，很多优秀的人才根本留不住，出色的陆续都会走，或者完成规定的社会实践时间要求后就不再来了，留下的人以混日子心态居多。

当然混日子的学生义务讲解员也不是李大钊故居独有的。笔者参加单位组织的外出考察参观活动时就碰到过混日子的学生义务讲解员。参观时，考察团特意为团队请了一个讲解员，这名学生义务讲解员一看就是吊儿郎当熬时间等下班，业务能力张嘴一说就知道不行，讲的内容既没情绪也没干货，时不时还得看看说明牌照着念一段，对一些展品称谓和用途解释明显都是错误的。我们可不是来这里游山玩水的，不是看看热闹的普通游客。团里有同类博物馆工作的行家，那位老师实在听不下去，只得纠正她的错误，这位姑娘不但不虚心接受，反而接下来的介绍均点到为止，草草了事，结束语一说完，转身就不见了踪影。到了快出大门的时候，出现了更令带队领导生气的事。原来领导走在队伍前面，在走到离大门口一墙之隔的地方听到墙后有个姑娘说："刚才我带的那帮人事真多，还给我讲上课了，我就在这干半个月，可能背得那么准吗？"一打照面，正是刚才那名讲解员。

态度决定一切，付出才会有回报。学生义务讲解员要是想出类拔萃，首先要对自己负责，端正工作态度。来博物馆参加活动时，要先问问自己："真的想参加讲解员这个团队吗？"如果自己对此有任何迟疑，那就别勉强了，利用课余时间从学校大老远来到故居活动一次，既糊弄观众，也浪费自己的课余时间。如果只是为了在社会实践表上混个公章，那还不如找个离学校近点的地方参加实践活动，三伏天、三九天还能免受天气和舟车劳顿之苦。

笔者和白鸽志愿者协会一名长期在李大钊故居从事讲解服务工作的志愿者聊天得知，她从本科时就来故居义务讲解，现在已经研究生快毕业了。其实她也数次觉得自己"就到这吧"，有一次接到故居周末召集活动的短信后，向故居活动负责人写了条将近百字的微信，打算退出讲解队伍。但她毕竟在这个团队中干了很久，而且故居工作人员对待学生们也确实很关心，直接拒绝有点不忍心。就在她反复斟酌微信内容用词是否合适时，想起她刚入团队活动时立下的志愿："成为李大钊故居里最优秀的志愿者"时，她便按住手机删除键，把这条微信给删除了。但她也承认，义务讲解员这个工作确实会让她茫然，因为义务讲解工作对于一个即将步入社会的青年人来说，如果一直是这种状态，很难有任何发展前途。最后她说，既然当上一个学生义务讲解员，混日子的心态是半点都不能有的。因为这不仅仅是代表该校学生的形象，而且这种心态一出现，就很容易形成惯性；一旦形成惯性，不管以后自己在什么岗位从事何种工作，都有可能半途而废。所以，尽管到故居义务讲解没有收入，活动时间还要占用休息日，但她依然选择坚持下去，并力争毕业后还能继续坚守，继续抽时间参加活动。

二　培养学生义务讲解员的讲解素质

在李大钊故居，经常听到观众将讲解员称为导游。讲解员和旅游景点的导游讲解工作看似一样，都是通过语言艺术讲述文化，传递知识，但还是有实质性差别的。以旅游为本质的景区的导游讲解，可以借助景区的山水风景给游客带来视觉享受，让游客在视觉美感的冲击下结合讲解词的勾勒产生联想。博物馆讲解相对呆板得多，利用文物本体或展品的展示，体现文物内涵和背后的故事；利用讲解员的口才和肢体艺术，打动观众，与观众产生共鸣，达到反映历史、传播思想的目的。简单地说，讲解内容偏向严谨，情绪偏向平稳，导游内容偏向灵动，情绪富有感召力；讲解以规范的讲解词作为基本教案，以观众是否被感动、是否被教育、是否被震撼作为目的。

态度是工作的精神动力，但光有态度而没有专业本领只会事倍功半。所以，如果真心喜欢讲解员这份工作，就要努力达到观众心里对讲解服务的期待。一般公众对讲解员的期待就是“答疑解惑，深入浅出”，学生义务讲解员在做准备工作的时候，就要努力地把自己朝那个方向去塑造，去沉淀，去积累。有的学生义务讲解员备课很认真，背诵讲解词也很熟练，事实上，并不是这样的学生义务讲解员带的观众听得最认真，有时候原本委以他们重任，偏偏他带的队伍散得最快，观众越来越少。主要原因就是大多学生义务讲解员的讲解内容都只依靠故居提供的讲解稿，不能根据观众年龄和身份的不同，灵活运用讲解词。学生义务讲解员都是学生，涉世不深，工作经验不足，虽有着年轻人的闯劲，也有年轻人的蛮劲，但讲解效果差强人意。虽然讲解是个熟练工种，作为学生背下讲解词不费吹灰之力，并且死记硬背讲解词也能完成任务，但往往这样工作的讲解员事倍功半。

学生义务讲解员年轻，记性好，记得快，在讲解工作中是按照展线顺序一丝不苟地进行，但观众反应未必强烈，因为这种讲解是陈列的奴隶，讲得再熟也都是背出来的。他的讲解内容是被展线推着走的，不是理解了展陈的中心思想或布展顺序，利用讲解词的语言魅力引领着观众身临其境。而且，历史知识往往就是理工科学生的弱项，他们对有些知识点的掌握本来就是一知半解，是靠死记硬背得来的。尤其是面临大团队讲解时，本来屋子就小，队伍拥挤，后排观众想随着讲解内容即时看到展品本身就很困难，往往都是等前面的人走了才能近距离看一眼实物，造成队伍的拖拉。当讲解员面对观众的提问自己也解释不清，被多问一点就啥也不知道时，难免令观众对讲解内容听着听着就提不起兴趣，队伍自然很快就散了。学生义务讲解员要想提高讲解质量，需要从加强讲解表现力和讲解素质入手。

1. 培养讲解表现力

讲解过程中最基本的就是展线上的知识点，但往往这些最重要的东西都以图片或文字展示出来了。郭德纲曾在相声里说：“我有嘴会说话，你也有嘴会说话，你为啥还要花钱来听我说？”这些明摆着的介绍内容既不能让观众自己看，还要让观众听得进去，这就要考验讲解员的表现力了。

所谓讲解员的表现力，就是在讲解中要注意科学性、逻辑性和艺术性。例如李大钊故居不论是原状陈列展还是专题展厅，展览都是遵循展览大纲设计制作的，看似分为不同部分，其实有严格的系统性和内在联系。讲解过程中，要有条理地将它们串联起来，体现出展览的逻辑性。通过语言艺术的表达技巧，声调的抑扬顿挫，说话节奏的快慢缓急，脉络清晰地将展览每一部分组合成一个整体，有机地结合起来，给观众一种在与之交流说话的感觉，从而取得最佳讲解效果。

2. 培养讲解素质

讲解工作的基础是熟练掌握讲解词，要准确掌握时间、地点、人物、事件。但讲解词毕竟是别人写的，每个人的说话方式、咬字断句习惯都不一样，只有将表达方式转化为适合自己讲述的断句习惯，将讲解词转化为自己的语言，才能将个人语言习惯与展陈达到最佳结合。

首先，死记硬背讲解词是不行的，学生毕竟还要以学业为主，每个人的精力都是有限的。而且即便是学生义务讲解员，也不能一直讲相同的东西，不能简单地去当展陈复述员，还要懂得添加一些有趣的东西和外延知识进去。笔者刚入故居开始讲解工作时，领导就说过："你有一桶水，才能给别人倒出一杯水。"但一桶水中有那么多的知识点，万一哪处遗漏了，不但无法将讲解内容精炼成一杯水，反而因为支离破碎的史料给观众留下更多的疑惑。

其次，合理利用展陈内容作为提示就是个不错的选择，减少了死记硬背的精力付出，还可以腾出时间，围绕自己知识的薄弱点加以强化，去阅读书籍，查阅资料，有针对性地了解当时的历史和文物，更加深入地了解相关人物的事迹，这样才能在讲解过程中有更多的素材，也通过自身的学习增加了讲解工作中的底气。要通过自己的额外努力升华讲解内容，增强陈列讲解的说服力，不再是讲解词写什么自己就说什么，碰到生疏的内容被观众一问一瞪眼，而是经过自己查阅资料，讲述经得起推敲的内容。通过引经据典，不仅达到丰富自身知识，提升自身修养的效果，还能最大限度地抓住听众的注意力，并且将总结成果传给下一届讲解员，切实起到了服务社会、贡献社会的义务服务目的。

最后，学生义务讲解员要注意研究观众群，总结经验，分析不同观众的特点，掌握不同观众团体参观的目的和要求，制定不同的讲解侧重内容和讲解方式，因人而讲。在对观众的研究中，其一要学会将观众进行分类，比如根据年龄层次、参观目的、职业等进行分类。观众文化素质高低、兴趣爱好各不相同，如果你对着普通民众讲解高深的学术性内容，他们肯定听不懂，也不会产生共鸣。其二是分析观众心理。同一展览对不同观众产生的吸引力和教育作用不尽相同，因为一个人的审美情趣、心理状态与接收信息的能力密切相关。在对观众进行分类之后，对于不同观众团体的讲解内容，要根据自己对观众的分析后所想表达的讲解意图来确定，讲解不同侧重点的内容，做到能深能浅、能长能短、随机应变，尽量满足不同层次参观者的需求。

例如李大钊故居就针对不同观众，在讲解内容的选择上有所偏重。针对中小学生的讲解，选择与他们的课本内容相关的史实；针对单位团体、党支部活动，就多讲党风廉政教育内容；如果遇到外地游客，就通过故居的倒座房三合院建筑特色，额外介绍一些老北京的风土人情。讲解有了针对性，言之有物，言之有据，饱满而充实，观众的注意力自然就被吸引过来了。

此外，学生义务讲解员在讲解过程中要青春不失稳重，演绎不失纲领。通过对来故居参观的观众发放调查问卷可以得知，到故居参观的主要目的是接受爱国主义教育。所以讲解中不能为了追求“卖点”而夸大史实，为了博人眼球，胡编乱造野史外传，甚至不惜“编排”革命先烈，损毁人物形象，如此这样，虽然表面上讲解员讲得眉飞色舞，观众听得饶有趣味，但这最终将以丧失爱国主义教育功能为代价，砸了自己的饭碗。

三　让学生义务讲解员找到发展之路

在人员编制有限的小型名人故居从事义务讲解员工作，可能根本没有机会进入这家单位，但机会总是留给有准备的人，只不过这条路难在不是一时的收获和风光，而是贵在坚持。如果真的学有专长，真的热爱博物馆这个行业，就应该把眼光放得长远些，在做好讲解接待服务的同时，积累社教活动经验，毕竟近水楼台先得月，获得这个行业的招聘信息一定会比圈外人更灵通，进而获得谋求应聘到其他博物馆工作的机会。你也许并不是博物馆相关专业的毕业生，但你的实战经验要远远多于竞争对手，甚至可以将以往的成功经验带到新的工作岗位上，成为一个来之能战、战之能胜的多面手。

即便没有机会真正步入博物馆行业，但通过参加义务讲解服务从而达到为社会服务的效果，也是跳出所学专业的束缚，锻炼自己的好机会，毕竟这也是即将步入社会的学生们积累工作经验的一个阶段。通过义务讲解这种方式直接为社会服务，虽不能马上看到结果，但是肯定能通过对自身的严格要求提高个人能力，对博物馆、对社会树立正确的认知。

不论学生义务讲解员之路能够走多久，都要认真学习历史知识，准确把握历史事件的真实内容和英雄人物的感人事迹及道德情操，从内心树立对人物的崇敬和感怀之情，由衷维护国家利益和民族尊严，自觉提高宣传讲解的生动性，切实把握讲解内容的真实性、权威性，让学生讲解员以工作为荣，通过自己的努力，令自己成为名人故居的“形象大使”。

（作者系北京李大钊故居管理处副主任）

浅析李四光纪念馆在地质文化建设中作用的发挥

张志国

一　李四光纪念馆地质文化建设是党和国家赋予的光荣使命

李四光纪念馆建成于1989年10月26日李四光诞辰100周年之际，李先念同志亲自为纪念馆题写了馆名。建立伊始，李四光纪念馆就在传承科学文化、建设科普教育基地过程中有着特殊的价值，发挥着非常重要的教育作用。

1999年，温家宝同志在参观李四光纪念馆时提出，“要把李四光纪念馆建成爱国主义教育基地”。此后，他又作出批示：“还是应该由国家把李四光纪念馆和故居办好、保护好，使其成为一个弘扬爱国主义，传播科学技术的教育基地。”这也正是李四光纪念馆开展一切工作的终极目标和落脚点。

李四光的学术思想和科学精神是我国宝贵的“知识资源”。他是中国科学界首先着眼于全球，致力于全球整体观，作出多方面知识开拓的先导者之一，发掘与发扬这种学术思想和科学精神，将为国家经济建设、社会可持续发展、推动地球系统科学的发展等诸多方面作出自主性的科学贡献。面向社会公众开放的李四光纪念馆是弘扬这种精神的生动体现。通过数十年的努力，不断丰富的实物资料和几经完善的现代化展陈手段，使参观者进一步提高了认识，陶冶了情操，增强了爱国情感，它已经成为开展爱国主义教育和年轻一代思想道德教育的有效平台，为年轻人的健康成长提供了广阔的天地。

李四光纪念馆牢固树立以服务社会为中心的发展思想，认真履行职责，强化责任担当，脚踏实地践行党和国家赋予的光荣使命。

二 李四光纪念馆地质文化建设具有鲜明的科普特色

优秀地质文化是中国地质事业薪火相传的思想灵魂，是百年的历史积淀和智慧结晶，是激励地质工作者继续前行的强大力量。在地质系统内，传承地质文化，弘扬“李四光精神”，继承“三光荣”优良传统，并在实践中发扬光大，是新时期地质工作者践行“责任、创新、合作、奉献、清廉”的核心价值观。因此，地质文化建设是我国传统文化的重要创新和完善，它是地质学系统全面升华并与传统文化及相关社会活动相结合所产生的精神财富。

地质文化是社会主义精神文明建设的重要组成部分，是由地质人所创造的具有鲜明行业特点的物质、精神、政治、社会、生态“五位一体”文明的总和，是地质人的生存状态、美好愿景以及最终归属。以李四光为代表的老一辈地质学家秉持为国建功的忠诚和信念，勇于承载责任和使命，坚持真理，攻坚克难，深入探索和把握自然规律，推动地质科学的进步和发展。新中国成立以后，形成了以“李四光精神”为代表的地质文化，其核心内容就是“矢志不渝的爱国情怀、坚持真理的科学品格、强烈执着的创新意识、诲人不倦的师表风范和严谨求实的工作作风”。

习近平总书记在给中国地质博物馆建馆 100 周年贺信中再次强调了

科普工作的重要性：科技创新、科学普及是实现创新发展的两翼。这是他对广大科普工作者的殷切期望，李四光纪念馆全馆人员不忘初心，与时俱进，以提高全民科学素质为己任，以真诚服务青少年为重点，更好地发挥爱国主义教育基地、科普殿堂的作用，以生动的展览促使人们自觉地将个人发展与国家发展结合起来，自觉实践社会主义核心价值观，汇聚起实现中国梦的强大精神力量。

当前，面对新形势、新理念、新要求，李四光纪念馆以推进科普活动品牌作为着力点，以不同群体需求为导向，以传承弘扬“李四光精神”、传播地球科学知识为核心，以形式多样的科普活动为载体，积极推动馆藏资源的交流共享，热衷于公共服务，在地质文化建设工作中创新求变，彰显了自身的价值。

1. 用讲述李四光真实的故事引起文化共鸣

2017 年 4 月 24 日，李四光纪念馆顾问、李四光纪念馆馆长特别助理、李四光先生的外孙女邹宗平女士应邀做客华中农业大学资源与环境学院“绿博讲坛”，做了题为“李四光：战略科学家的大视野”的精彩报告。她从李四光病重时留下的一张小纸条中所表达的他对煤炭作为燃料烧掉的惋惜讲起，谈到了他如何带领地质科研人员开发新能源的鲜活事例，再现了李四光为祖国忘我工作的真实场景，让听众感受到李四光为保护人类生存环境、充分利用自然资源、促进社会健康持续发展的穿越时空的眼光，激励广大师生推动我国低碳经济循环发展和可再生能源开发利用的信心和责任。

2017 年 5 月 27 日，邹宗平女士应邀在西城区第一图书馆为读者做了《我的外祖父李四光》的讲座。她从少年励志、学成归来、砥砺前行、肩负重任、美满家庭几个方面，以亲历、亲闻、亲见的视角为读者全面翔实地介绍了李四光的一生，讲述了李四光的文化思想、艺术造诣、学术传承、社会交往及生活轶事，让读者更鲜活地感受到科学巨匠的风采，进一步走近名人，从中体验那些深切思念、浓郁亲情，进而感悟历史、感悟人生。

2. 以互动的方式传播李四光精神

2016 年，在纪念李四光诞辰 127 周年展览举办当天，北京市近百名小学生、大学生到场观展。讲解员用风趣的语言、通俗的比喻、互动的方式，向学生们介绍了李四光从事地质实践的基本过程以及矿产资源在人们生活中的作用等地质科普知识，提高了学生珍惜地球资源和地质灾害防范的意识，受到了师生的欢迎，实现了大手拉小手的传递活动。展览会现场，花园村第二小学学生代表还举行了“李四光爷爷我想对您说”的主题队会活动。少年先锋队中队长宣誓说：“我们的祖国地大物博，河川秀美。”“‘吃水不忘挖井人’，我们要以李四光爷爷为榜样，弘扬科学、严谨的治学精神，勤奋好学，立志成才。”

3. 让李四光纪念馆“活起来”，通过巡展“接地气”

要让李四光纪念馆的文物“活起来”，就是让过去的物品穿越时间的间隔与现代相连，让观众从文物中学习李四光的智慧和力量，甚至与现代的思维碰撞出火花。

李四光纪念馆采用多种方式构建展览体系，在组织不同展览主题的同时，还“走出去”，走向社会和学校，让更多的人了解纪念馆，进一步扩大了李四光纪念馆科普功能的辐射作用。

2017 年 4 月和 9 月，李四光纪念馆分别在华中农业大学、中国地质大学（武汉）和南京古生物博物馆以“李四光——我国科技界的一面光辉旗帜”为主题，展开科普巡展活动，发挥了“移动纪念馆，科学零距离”的科普教育基地的社会功能。许多活动参加者被李四光先生心系祖国、献身科学的精神深深打动，表示要继续学习并传承李四光精神，为进一步落实中央关于加快实施创新驱动发展战略而不懈努力。

三　李四光纪念馆地质文化建设发挥的独特作用

1. 新职工入职教育的必修课

在李四光亲自创办的地质力学研究所里，对新职工的入职教育，把学习和传承李四光科学精神、学术思想视为其从事地质工作生涯最重要的一个环节，已经成为必修课程。一位新入职的博士研究生感慨道，李四光的一生始终实践着“地质工作急国家之所需，研究成果服务社会，将党和人民的需要放在一切工作的首位”，学习李四光留给我们的科学精神和爱国主义等宝贵的精神财富，就是要把工作当作乐趣，把事业当作使命，把敬业当作我们的职业习惯，成为我们的生活态度，成为我们爱国的责任。

此外，中国青年政治学院表示，希望将李四光纪念馆作为党政干部进修班新学员的教育基地，持续开展教育活动。

2. 地质部门继承传统教育的课堂

近年来，李四光纪念馆已经成为地质部门继承传统教育的课堂。中国地质调查局机关部门、环境监测院、国土资源航空物探遥感中心等单位和团体纷纷到李四光纪念馆，进行爱国主义和科学创新精神的继承传统教育，把爱国情怀化作强烈的报国之志和实际行动，进而树立了立足本职、胸怀全局的工作方向。

3. 李四光志愿小队的培训基地

2017 年第 48 个地球日之际，由中国地质科学院地质力学研究所、李四光纪念馆、中国地质大学珠宝学院、紫竹院学区管理中心和北京外国语大学附属小学等单位联合，开展了主题为“节约集约利用资源，倡导绿色简约生活，讲好我们的地球故事——跨越时空的地球梦”的活动。北京外国语大学附属小学的同学们朗诵了师生共同创作的诗歌《跨越时空的地球梦》，传递着孩子们对伟大的科学家的敬仰和努力学习的决心。他们以此次活动为契机，成立李四光志愿小队，成为传承李四光精神和宣传科普知识的小志愿者。自此，李四光纪念馆成为了志愿小队的培训基地。

四　李四光纪念馆地质文化建设引发的思考

1. 增加趣味性，让展示和讲解变得新鲜活泼起来

李四光纪念馆展出的大部分内容是全面介绍李四光的科学生涯，以及围绕他所进行的科学活动凸显的爱国主义和科学创新精神。然而，对于其中的许多学术问题“看不懂”成为不少走进纪念馆的孩子们共同的感受。许多同学表示，如果回去不查阅更多资料和深入探究，就很难理解展览中那些文物和讲解员口中那些专业的内容，这反映出我们缺少专门为他们准备的生动内容。

作为纪念馆工作者，我们可不可以换一个角度，从增加趣味性入手，使我们的展品也可以很好玩，让文物和观众从单方的传播关系转到互动体验上来，通过增加虚拟现实的内容，给文物和展览增添更多的体验参与元素。

随着互联网、大数据、云计算等技术的日趋成熟，我们也需要在信息化、数字化的基础上做好智慧服务，通过新技术的应用释放新的活力。近年来，“动漫＋”概念在展品中的运用，使动漫元素的文化创意在博物馆越来越广泛地发挥着重要作用，我们的馆藏精品、文物背后的故事，可以通过动漫的形式很好地表达出来，使得纪念馆的文化历史传播得更加久远。

当然，博物馆运用动漫元素时，需要在学术严肃性和趣味性表达上寻求一个平衡点，动漫化绝不能对历史信息造成歪曲性的误读。

2. 数字纪念馆作为传统纪念馆社会服务的延伸，是大势所趋

目前，李四光纪念馆主要采用文物陈列和照片加文字说明的展出方式，重点是借助实物藏品进行叙事，但这种方式只适合参观者前来观赏，却束缚了异地参观的脚步。

在互联网的高速发展下，数字纪念馆应运而生。一件件静态的文物实体在虚拟网络中按照 1∶1 进行复原，再加上详细的物体介绍和历史介绍，让参观者无论身在何处都仿佛置身于纪念馆内。在国内数字博物馆发展过程中，故宫博物院无疑走在了前列。

把数字化工作提升到李四光纪念馆工作的核心是顺应时代与科技发展的潮流，创意十足的藏品表现方式给了观众新奇的体验与感受，能使观众保持对展品的观看欲望。同时，为了向观众呈现更多内容，可以将更多故事“嵌”在展板上的二维码中，这样，观众在参观实体纪念馆时，只需扫描二维码，就可以将文物相关信息下载到手机上。

总之，我们要充分利用当今社会的新技术、新发现，有效地提高纪念馆提供公共文化服务的质量，深入推进纪念馆数字化，让存储在李四光纪念馆的近千件文物藏品“活起来”，真正走进人们的视野，也走进人们的心中。

3. “8 +” 名人故居纪念馆成立，共建文创开发联盟

文创开发包括两个方面。第一是原创，也就是前人和其他人没有的，完全是自己首创的；第二就是创新，它的意义在于虽然是别人首先创造的，但将它进一步地改造，形成一个新的东西，就可以给人以新的感觉。笔者认为，文创开发主要是创造出一些能够吸引人眼球的文化产品，在提升受众的注意力的同时，开展多种服务。

“8 +” 名人故居纪念馆（以下简称“8 +”）成立文创开发联盟，是成员之间结成的互相协作和资源整合的一种合作模式。这是我们形成

核心凝聚力，增加文化自信力，形成国际竞争力的关键所在。

共建的联盟应秉持“创新的服务、友好的合作、联合的力量”原则，通过组织模式创新、体制创新和机制创新，汇聚各家资源，坚持联合创新发展，在长期难以真正实现的“官、产、学、研、资、用”有机结合方面，取得的实质性突破和进展。

郭沫若纪念馆开“8＋”之先河，率先成立了“文创园”，并已开始试运营，这对“8＋”的文创开发必将起到重要的引领和推动作用。共建的联盟应以弘扬中华优秀传统文化为目的，以促进“8＋”文创产业发展为宗旨，以各具特色的产品为抓手，为“8＋”文创起步晚、规模小、资源分散、品牌效应不强等问题提供解决方案，指导各成员通过文创研发、营销渠道、人才培养等资源共建共享，提高“8＋”文创研发整体水平，实现文创产品文化价值与实用价值的有效统一，满足广大人民群众日益增长的物质和精神文化需求。

在纪念毛泽东同志诞辰 120 周年座谈会上，习近平总书记指出：“站立在 960 万平方公里的广袤土地上，吸吮着中华民族漫长奋斗积累的文化养分，拥有 13 亿中国人民聚合的磅礴之力，我们走自己的路，具有无比广阔的舞台，具有无比深厚的历史底蕴，具有无比强大的前进定力。”

地质文化是地质系统的灵魂，地质系统的核心价值观是地质文化的精髓，地质工作者核心价值观的树立是地质文化建设的根本所在。作为李四光纪念馆的工作人员，在地质文化建设特别是进行科普工作的同时，我们既是参与者、传播者，也是学习者，我们将进一步发挥李四光纪念馆在爱国主义教育和公民道德建设等方面的阵地作用，积极促进李四光纪念馆公共文化服务水平的提升和管理体制的创新，在实践中不断提高自己，努力实现面向社会的教育功能。

（作者系中国地质科学院地质力学研究所研究员）

参考文献：

1. 刘学清、李小龙、张梅：《地质文化建设构想》，《研究探讨》2010 年第五卷第 4 期。

2. 王莉、丁群安：《中国地质调查局 2016 年科普工作回顾》，《中国矿业报》2017 年 2 月 4 日。

3. 袁一雪：《数字博物馆：让文物“活起来”》，《中国科学报》2017 年 5 月 19 日。

4. 严春华：《李四光纪念馆巡展活动拉开序幕》，http：//www. geomech. ac. cn/danwei/6017. htm，2017 年 5 月 5 日。

5. 中共党史人物研究会：《中共党史人物传》第 67 卷，中央文献出版社 2000 年版。

关于深入发掘徐悲鸿纪念馆爱国主义教育资源的几点思考

李　瑶

徐悲鸿先生是20世纪中国美术界的一座艺术高峰。他是现实主义的艺术巨匠，是中国现代美术教育的一代宗师，是弘扬中华优秀传统文化、坚持艺术创新的杰出代表，更是爱国为民、德艺双馨的楷模。

徐悲鸿纪念馆现藏有徐悲鸿创作的国画、油画、素描、水彩、水粉画、书法作品1200余幅，徐悲鸿收藏的唐、宋、元、明、清以及现代名家书画近1200幅，还有中外美术书籍、碑帖、画册、图片近万件。作为新中国第一座美术家个人纪念馆，徐悲鸿纪念馆凝聚了党和国家领导人的深切关怀，获得了社会各界的大力支持。

在纪念馆社教工作开展过程中，除了介绍和宣传徐悲鸿生平事迹、美术作品、美术教育成就外，还要深入发掘徐悲鸿先生的爱国主义情怀，弘扬徐悲鸿先生的爱国主义精神，使纪念馆不仅成为传播知识的场所，更成为爱国主义宣传的阵地。

笔者作为徐悲鸿纪念馆社教部的工作人员，通过查找和阅读徐悲鸿先生的有关讲稿、书信等内容，经过认真思考，从以下几个方面发掘本馆的爱国主义教育资源。

一　文化自信

习近平总书记在庆祝中国共产党成立95周年大会上的重要讲话中提出："坚持不忘初心、继续前进，就要坚持中国特色社会主义道路自信、理论自信、制度自信、文化自信，坚持党的基本路线不动摇，不断把中国特色社会主义伟大事业推向前进。"这是中国共产党在提出道路自信、理论自信和制度自信之后，提出的中国特色社会主义的"第四个自信"。习近平总书记还对文化自信特别加以阐释，指出："文化自信，是更基础、更广泛、更深厚的自信。在5000多年文明发展中孕育的中华优秀传统文化，在党和人民伟大斗争中孕育的革命文化和社会主义先进文化，积淀着中华民族最深层的精神追求，代表着中华民族独特的精神标识。我们要弘扬社会主义核心价值观，弘扬以爱国主义为核心的民族精神和以改革创新为核心的时代精神，不断增强全党全国各族人民的精神力量。"

徐悲鸿先生在其著述中，曾多次论及中国传统美术的伟大成就及其重要贡献。他说：

> 中国艺术对世界的贡献，我们自己倒似乎不大在意，而在欧洲各邦以及日本的学者却对之异常关切，深为赞美。其最简单的原因是中国艺术的发展早于欧洲一千多年；当中国艺术已经达到成熟圆满的时期，欧洲的艺术还是萌芽襁褓之际。但仅有悠久的历史也不一定有光辉的成就，又好在中国地大物博，天赋甚厚，西有嵯峨接天的雪山，东临浩渺无涯的沧海，有荒凉悲壮的大漠长河，有绮丽清幽的名湖深谷，更有许多奇花异草、珍禽怪兽——艺术家浸沉于这样的自然环境，故其所产生的作品，不限于人群自我，而以宇宙万物为题材，大气磅礴，和谐生动，成为十足的自然主义者……也

> 许我们不免艳羡欧洲文艺复兴时期的光辉灿烂，可是他们直到十七世纪还极少头等的画家，也没有真正的山水画。而中国在第八世纪就产生了王维。王维的真迹现在已成为绝响，但他的继起者如范宽、荆浩、关仝、郭熙、米芾诸人，现在还留有遗迹，如故宫所藏范宽的一幅山水，所写山景，较之实在的山头不过缩小数十倍，倘没有如椽的大笔，雄伟的魄力，岂能作此伟大画幅！又如米芾的画，烟云幻变，点染自然，无须勾描轮廓，不啻法国近代印象主义的作品。而米芾生在十一世纪，即已有此创见，早于欧洲印象派的产生达几百年，也可以算得奇迹了……中国的花鸟画，在世界艺术的园地里还是一株特别甜美的果树，也许因为中国得天独厚，有坚劲而纯洁的梅花、飘逸的兰草、幽秀的水仙，这些在世界上都要算奇花异卉，为他国所无而又确实能表现中国艺人的独特品性，中国民族的特殊精神，因此中国产生了许多伟大的花鸟画家，如宋徽宗、徐熙、黄筌、黄居宷、崔白、赵昌、滕昌祐等，作品均美丽无匹，直到现在全世界还没有他们的敌手。此外，我国的漆器、丝织品、玉器、瓷器等，亦有极大的艺术价值；尤其是玉器，是世界艺术的一朵奇葩。①

这段文字在今天看来，我们依然能体会到徐悲鸿先生对中国传统美术的热爱与自豪之情。文中对中华优秀文化价值予以充分肯定，对中华优秀文化的生命力抱有坚定信念。

徐悲鸿的一生，一直在为弘扬中华优秀文化而奔走和努力。20 世纪 30 年代，徐悲鸿先生为了让世界各国认识到中国是一个有高度文化的国家，先后在法国、比利时、意大利、德国、苏联等国家举办中国近

① 转引自徐建华《为人生而艺术——徐悲鸿自述》，文化艺术出版社 2015 年版，第 115—117 页。

代画展，宣传中国传统绘画。画展取得巨大成功，在欧洲各国引起了强烈反响。当时的中国正值九一八事变以后，中国的国际地位一落千丈，徐悲鸿先生此举可谓一针强心剂，让中国优秀文化在世界舞台上扬眉吐气。

只有对自己的文化有坚定的信心，才能获得坚持坚守的从容，鼓起奋发进取的勇气，焕发革新创造的活力。在当今中国，我们更要坚定文化自信，这是我们必须重视的时代课题。

二　复兴之路

文化复兴是民族复兴的重要组成部分，美术作为精神文化的重要内容，在文化复兴中担负着重要的使命。从 20 世纪初开始，不断有社会贤达、知名画家在思考如何复兴中国美术，这既是一个理论的问题，也是一个实践的问题。在多元文化的背景下，在中国美术的发展过程中，传统与现代、东方与西方之间的关系是什么样的，中国美术的内涵和价值是什么，等等，注定成为一代代艺术家为之不断探索、寻求答案的问题。这些答案是不尽相同的，却是丰富多彩的。

徐悲鸿先生就是这类艺术家中的典型代表。他在为中国传统美术光辉历史自豪的同时，也为明清以来中国画逐渐没落的状态而深深忧虑。他说："中国艺术没落的原因，是因为偏重文人画。王维的诗中有画、画中有诗那样高超的作品，一定是人人醉心的，毫无问题。不过他的末流，成了画树不知何树，画山不辨远近，画石不堪磨刀，画水不成饮料，特别是画人不但不能表情，并且有衣无骨，架头大，身子小。不过画成，必有诗为证，直录之于画幅重要地位，而诗又多是坏诗，或仅古人诗句，完全未体会诗中情景……在今日文人画上能见到的不是言之有物，而是言之无物和废话。今日文人画，多是八股山水，毫无生气，原非江南平远地带人，强为江南平远之景，惟摹仿芥子园一派滥调，放置奇丽之真美于不顾。”① 此话切中时弊，而且十分中肯。

然而，伟大的艺术家绝不会沉沦。徐悲鸿先生从欧洲留学归国后，并没有像普通留学生那样，找一份工作、成为一名画家就可以了，而是怀着感恩报国之心，积极投入到民族救亡的队伍中，为振兴中国传统美术尽自己最大的力量。在艺术上他没有走全盘西化的道路，而是将西方美术先进的技法引入中国传统绘画中，“以惊人的魄力，同时在四个大的艺术领域内展开了工作：（一）振兴美术教育；（二）改革中国传统绘画；（三）艺术创作上的突破；（四）为国识才与收藏”②。在此过程中，面对一些阻碍和质疑，徐悲鸿并没有害怕和退缩，像一名美术站线上的勇士，为复兴中国美术而不懈战斗。

美术教育方面，徐悲鸿先生提倡“素描是造型艺术的基础”，提出“宁方毋圆，宁脏毋净，宁拙毋巧”的素描要求，在教学上引导学生提高全面素养，求真求美。他提出“尽精微、致广大”的艺术理念，给人以深刻的启示。他珍惜人才并善于发现人才，曾倾力相助过许多富有才华而遭遇困难的学子，为他们提供了成才支持。他以广纳天下贤士于艺术苗圃的胸怀，不计社会地位的高低和学派观点的差异，邀请和团结一大批美术名家，共同从事美术教育事业，为新中国美术事业奠定了十分重要的人才基础。

改革创新方面，徐悲鸿努力探索中西融合的艺术道路，他的素描作品将中国绘画的“线描造型”与西方的“明暗结构”有机结合，展现出中国造型艺术的神韵。在油画和中国画的主题性创作上，他选用中国历史与人文经典，讲述中国故事和中国精神。“既要将西方写实的方法糅进去，又要不失为中国笔墨技法的特色美感，不管在吸收西方造型的立体感和准确性方面，还是线条的生动非程式化方面，都不是生搬硬套，

① 徐建华：《为人生而艺术——徐悲鸿自述》，文化艺术出版社2015年版，第144—145页。

② 杨先让：《徐悲鸿艺术历程与情感世界》，齐鲁书社2010年版，第30页。

而是需要在中国笔墨的驾驭下，注入中国画的艺术审美范畴之中。”①

收藏方面，徐悲鸿先生倾尽全力收藏和保存中国古代书画精品，视之为“悲鸿生命”，体现出他对优秀传统文化一生守护的精神。他的收藏绝不是为个人，而是为了教学而收藏，为了建美术馆而收藏，这也是他深深热爱中国传统文化的一个重要印证。

徐悲鸿先生复兴中国传统美术的巨大努力和付出，是今天我们所处的这个伟大变革时代所需要的一种精神。2014 年 10 月 15 日，习近平总书记在文艺工作座谈会上强调指出：“实现‘两个一百年’的奋斗目标，实现中华民族伟大复兴的中国梦，文艺的作用不可替代，文艺工作者大有可为。”我们要学习和发扬徐悲鸿先生执着的改革创新精神，以博大的胸襟和开阔的视野，积极学习和借鉴世界优秀的文化教育成果，积极推动中华文艺走向世界。并结合时代需求，传承和发扬中华优秀传统文化，传承和弘扬中华美学精神，做到中西兼蓄，融会贯通。

三　凝心聚力

在长达 14 年的反抗日本帝国主义侵略特别是 8 年全面抗战的艰苦岁月中，全体中华儿女万众一心、众志成城，凝聚起抵御外侮、救亡图存的共同意志，谱写了感天动地、气壮山河的壮丽史诗。当我们被杨靖宇、赵尚志、左权、彭雪枫、佟麟阁、赵登禹、张自忠、戴安澜等一批抗日英烈的英雄事迹深深震撼的同时，也不能忘记那些为抗日战争做出重要贡献的艺术家们。徐悲鸿先生在抗日战争期间所做出的贡献也是令人感动和敬佩的。他曾说：“战士为国不怕牺牲，我徐悲鸿只能用自己的画笔去战斗了。”“尽其所能，贡献国家，尽国民一分子之义务。”②

① 杨先让：《徐悲鸿艺术历程与情感世界》，齐鲁书社 2010 年版，第 37 页。

② 同上书，第 66 页。

这个时期的徐悲鸿，处于精力最旺盛的时期，也是艺术上最成熟的时期。他笔下的马、狮子、雄鸡等，大都注入了现实含义，都是他战斗的号角。还有那幅著名的《愚公移山》，体现了中华民族坚忍不拔、克服困难的毅力与信心，鼓舞着浴血奋战的中国人民。在中国人民抗日战争的艰苦岁月里，他用艺术表现民族奋起抗争的精神，给人以极大的感染力。除了创作，他还以自己的大量作品和社会活动争取海内外社会各界赞助，赈灾济民，支持抗战，展现出一位艺术家崇高的爱国情怀。1941 年，徐悲鸿先生在吉隆坡、槟榔屿、怡保三个城市，先后举办为祖国捐款的筹赈画展，他将卖画所得的资金全部捐出用于抗战。

"徐悲鸿最懂得什么是艺术，艺术要做什么，尤其在国家生死存亡之际，一个艺术家的责任是什么。"① 新中国成立以后，徐悲鸿先生在中央美术学院院长岗位上的工作比较繁重，身体一直不太好，病中的他即使在休养时也不忘抗美援朝前线的战士。他曾致信给前线的志愿军战士："自去年七月起，我因积劳而致脑血管受损，整整十一个月，我完全躺在病床上，不能画出你们盼望的八匹马，这是多么难于使我说出口的话。几天以来，我尝试着要起床为你们画一点东西，但每次都无力地躺下。我渴望着病快好，能画成你们盼望的八匹战马，那将是我满心欢喜的事。……你们用生命保卫了祖国的安全，我热爱你们，祖国人民热爱你们；我怀着深深的敬爱与感激之忱怀念着你们，期望着你们凯旋归来时，热烈地拥抱你们。"② 后来，徐悲鸿为志愿军战士创作了奔马图。

今天，我们回顾徐悲鸿先生的这一段段感人故事，能真切感受到他对祖国对人民的炽热情怀，他是用一颗真诚的赤子之心去记录、去表达人民的伟大实践和时代的飞速发展，从而创造出反映时代精神、体现中国气派的艺术精品。

① 杨先让：《徐悲鸿艺术历程与情感世界》，齐鲁书社 2010 年版，第 128 页。

② 徐建华：《为人生而艺术——徐悲鸿自述》，文化艺术出版社 2015 年版，第 216 页。

四　家国情怀

20世纪初期，徐悲鸿先生在留学法国期间，时刻不忘祖国。1919年5月他到达巴黎后，知道了国内爆发五四运动的消息。“他的心仿佛又回到了北京，强烈地系念着多难的祖国和同胞，使他更加下定决心，一定要为中华雪耻，为祖国争气！努力发扬中国绘画艺术，使它继续在世界艺术的领域中放出异彩！”① 在欧洲留学八年，他刻苦学习，勤于探索，为的是让中国的美术事业能向前发展。他曾说：“我到欧洲学西方的绘画艺术，是为了改革中国画而寻求方法的。”②

学成回国后，徐悲鸿积极投入到教育、创作、革新等各项工作中。政治立场上，他坚决不与国民政府合作，坚持个性，不同流合污。他在南京傅厚岗建了新宅后，为其命名为“危巢”。徐悲鸿说：“古人有居安思危之训，抑于灾难丧乱之际，卧薪尝胆之秋，敢忘其危？是取名之义也。”③ 他在自己的画室中悬挂“独持偏见，一意孤行”。徐悲鸿时刻警示自己，国难深重，不能为了贪图个人安乐而忘记国家危机。当他的好友田汉被国民党逮捕后，他四处奔走，积极营救，为田汉担保，还安排田汉一家人住到自己的家里休养。在国民政府统治期间，他前后多次拒绝为蒋介石画像，拒绝加入国民党，拒绝在国民政府衙门担任职务，徐悲鸿对国民政府统治时期官场的厌恶，可见一斑。

新中国成立后，徐悲鸿迎来了一个新的时代，尽管在这个新时代，他只生活了四年多的时间，但是他对这个时代充满了信任，他深感自豪。面对新中国给予他的荣誉和尊重，徐悲鸿深感责任重大。他不顾身体虚弱，疾病缠身，积极带领中央美术学院的师生，深入到人民群众

---

① 廖静文：《徐悲鸿传》，中国青年出版社2010年版，第41页。

② 杨先让：《徐悲鸿艺术历程与情感世界》，齐鲁书社2010年版，第48页。

③ 同上书，第156页。

中，为工农兵画像，为劳动人民画像，深得群众的尊敬和爱戴。

从徐悲鸿先生短暂而光辉的一生中，我们看到了那种与国家民族休戚与共的情怀，那种以百姓之心为心、以天下为己任的使命感。梁启超先生曾说："人生于天地之间，各有责任。知责任者，大丈夫之始也；行责任者，大丈夫之终也。"（《呵旁观者文》）责任和担当，是家国情怀的精髓所在，也是徐悲鸿先生留给我们的宝贵遗产。

习近平总书记在2014年文艺工作座谈会上曾讲道："人类文明是由世界各国各民族共同创造的……我国就更多了，从老子、孔子、庄子、孟子、屈原、王羲之、李白、杜甫、苏轼、辛弃疾、关汉卿、曹雪芹，到'鲁郭茅巴老曹'（鲁迅、郭沫若、茅盾、巴金、老舍、曹禺），到聂耳、冼星海、梅兰芳、齐白石、徐悲鸿，从诗经、楚辞到汉赋、唐诗、宋词、元曲以及明清小说，从《格萨尔王传》《玛纳斯》到《江格尔》史诗，从五四时期新文化运动、新中国成立到改革开放的今天，产生了灿若星辰的文艺大师，留下了浩如烟海的文艺精品，不仅为中华民族提供了丰厚滋养，而且为世界文明贡献了华彩篇章。"徐悲鸿先生的艺术业绩和杰出贡献得到了党和国家的高度评价，他不仅是一位伟大的艺术家，也是伟大的爱国者。

作为徐悲鸿纪念馆的工作人员，我们应该弘扬和继承徐悲鸿先生的爱国主义精神，把这块爱国主义教育基地建设好，让更多的观众在这里感受到正能量，引发大家的爱国共鸣。

（作者系徐悲鸿纪念馆社教部馆员）

影像手札

请深藏中日两国人民“一衣带水”的情谊

王红英

樱花虽然已经凋谢，芬芳却依然弥漫在空气里，徜徉其间，香馨陶醉，心旷神怡。位于日本东京文京区深处的小石川后乐园，是一个典型的中式园林。走在公园仿佛置身油画里，那山那水那树那草，那天人合一构建的祥和曼妙的风景美不胜收，令人流连忘返。有人说，日本的小石川后乐园所形成的人文氛围，就是赫然写在公园围墙上中国宋朝大文学家范仲淹的名句：“先天下之忧而忧，后天下人之乐而乐。”在这里，我们深切感受到中华文化的博大精深和强大的融合力。

我们的日本之行，不仅见证了中华文化的强大感染力，也真切地感受到中日文化的不可分割的联系和深藏于两国人民间的“一衣带水”的情谊。

此次我们肩负重托，赴东京参加由日本中国友好协会日本老舍研究会主办的“日本友人中山高志様老舍作品翻译手稿捐赠交流会”。日本友人中山高志先生1942年在北京时，曾经翻译中国作家的作品《骆驼祥子》，其手稿十分珍贵。现在日本友人把这珍贵的文物捐赠给中国人民，见证了中日文化传播与友好往来的历史，这本身就是一个令人感动和振奋的事情，它体现了中日两国人民之间的友好情谊，也体现了日本人民对老舍先生作品的喜爱，对老舍先生的仰慕。

在感动中山高志先生的壮举之外，我们意外地被与会的日本老舍研究者和追随者的故事打动。座谈会上，我们请日方代表谈谈自己对老舍的研究和对老舍及其作品的印象。13 位参会者中，一半以上用汉语发言，介绍自己是如何开始阅读老舍、研究老舍以及今后对老舍的研究方向。很多参会者都是在中山时子先生组织的读书会中接触到老舍先生，进而喜爱上他的作品与中国文化的，不论是作为普通的爱好者还是大学里的研究者，对老舍、老舍作品、中国人民的真挚而深切的感情都令人动容。

在小石川后乐园大门口，我们采访了日本友人——日本老舍研究会会长山本达夫先生。他把一本自己珍藏的手抄本打开，告诉我们，这是他 80 岁高龄时书写的中文版的老舍小说《骆驼祥子》。他指着那些清秀而隽永的钢笔字说，抄写老舍先生作品一直是他的心愿。因为就像伊藤敬一名誉会长所说，老舍笔下的社会风貌、社会百态，与第二次世界大战后日本社会的状况惊人地相似，那个洋车夫祥子，就是众多劳动人民艰难生存的写照。老舍写出了祥子的性格特征，也写出了那个时代日中两国劳动人民的共同特点。老舍的骆驼祥子让日本人民认识了中国，了解了中国人民的历史，也拉进了两国人民的距离。

山本达夫说，他用了 20 天就抄写完老舍先生的这部小说。这让我们很惊讶和震撼。要知道，他是日本人，对中文的把握也不是很好。特别是老舍先生这部作品里，用的都是北京方言土话，主人公的一些口头语连今天土生土长的北京人都已经很少了解。他是如何驾驭的呢？山本达夫告诉我们，他为了解决这个问题，翻阅了大量的资料，读了很多关于老北京语言研究的书和故事。一个一个记下，一个词一个词比对注释。抄写的时候一边抄一边记，稍微有些勉强的都要重新查证，直到答案确认为止。

我们有些惊诧，一个日本人，一个 80 多岁的外国老人，能有这样的精神、这样的精力、这样的热情、这样的毅力，这是为什么？山本达夫说：我崇拜老舍先生，崇拜老舍先生的作品，崇拜中国，崇拜中国博大精深的文化。文学没有国界，我们这代日本人是读着老舍先生的作品长大的，是老舍先生的学生和追随者。希望日中两国人民永远友好，加强交流，促进人类文明的传承和发展，造福两国人民。

山本达夫的话撞击着我们的心，山本达夫的故事感染着我们每一个在场的中国人。这种感动激励着我们为弘扬老舍精神、继承老舍先生的事业付出一切。相信这次日本之行，必将产生巨大的影响。我们要充分发挥这种感动产生的动力，百尺竿头更进一步，为传承和发扬老舍的文学精神做出实实在在的贡献。

（作者系老舍纪念馆馆长）

逆光飞翔

张　勇

生命中总有些思绪值得回味，总有些悸动难舍难分，也总有些儿时的梦想不经意间实现。小时候初看世界地图时，我就对一片片蓝色的海域充满好奇，更由于视觉的缘故，对与中国隔洋相望的陆地有着异样的憧憬。那时候我心中时时浮想跨越太平洋将会是怎样一种情景，日后这种愿景虽不断浮现，但又不断成为遗憾。

有时越靠近目标，越觉得虚无，脑子里更是一片空白。一直忙于办理前往加拿大温哥华的各种出国手续，那种兴奋和盼望早已经被各种烦琐的数字代码替代。直到登上飞机即将起飞的瞬间才发现，对于这个陌生的国度，对于目的地温哥华的认知，我还只是停留在地理课本中的知识要点，另外就是十几年前那一部《别了，温哥华》电视剧的虚幻镜头。

11 个小时的飞行距离足够跨越太平洋宽阔的海面，自西往东的飞行就像是追逐着太阳的奔跑，透过舷窗，外面蔚蓝的天空格外刺眼。中午我们离开北京，竟然也是同一日期的中午到达了温哥华，地域的不断更迭使我产生了时间停滞的幻觉。

吉米是负责接待我们的加方人员，这个个头不高、走路极快的老头，天生具有西方人独有的幽默感。初次见面，吉米一口纯正的中文普通话和夹杂着北京儿化音的问候，着实惊呆了我，陡升了我对他的亲近感。这个看似微胖的加拿大老头却有着一颗青春的心，他走路极快，一不小心就会把别人落下数米。他不停地给我们讲述年轻时驾驶飞机游玩的故事，还不时遥指着远方的雪山，说他下班后就驱车前去滑雪，在眉飞色舞间，洋溢着挥洒四溢的青春激情。

同行人员都在酒店倒时差，早早睁开眼睛的我禁不住好奇，走到街头漫步，借此也近距离聆听幼时情感的召唤。早上的温哥华静谧而平和，街面窄小而齐整，相似的建筑让我时刻都有迷失方向的担忧。虽有零星匆匆赶路的行人，但并不显得焦躁。空气中弥漫着浓浓的咖啡香气，不断诱惑着我的味蕾，没想到“酒香不怕巷子深”的俗语竟然在异国他乡体验到了。像我这样极少喝咖啡的人，也抵御不了这种沁人的香气，入乡随俗地在路边咖啡店里买了一杯，拿在手里坐在太平洋港湾的长椅上，望着成群的海鸥飞来飞去，它们不时起飞，又不时落在你的脚边。游艇整齐地排队准备出港，放眼望去，逆光而起的朝霞与湛蓝的海港构成一幅天然的画卷。

“中华名人展”在加拿大不列颠哥伦比亚大学（下文简称“UBC 大学”）如期举办（图一）。这是一个随处都可以看到古木丛生的校园，也是一个沐浴着太平洋海风的大学，更是一个时时改变你旧有思维的地方。想步行穿梭于校园是不现实的，到底哪里才是学校的边界，对于我这样初来乍到的访客肯定是说不清楚的，我想即使是 UBC 大学的师生恐怕也难以界定。环绕着太平洋海湾曲折的道路前行，不知不觉一个坐落于森林之中的大学便映入眼帘。各个学院的建筑都见缝插针地镶嵌于树木丛林的间隙，它们不与自然争宠，更像是广袤林木中的点缀。漫步其中，扑面而来的是古朴与纯真。“鸟道一千里，猿声十二时”恐怕便是此处最好的注脚了。

漫长的太平洋海岸将这所世界著名学府包裹在内，顺着陡峭的台阶便可以顺畅地走到海边。海滩上只有一位父亲带着孩子在玩耍。这里的海滩并没有常见的细柔海沙，硌脚的大大小小的石子平铺延展，连贝壳之类的海洋物种也难以寻觅，这可能便是这片沙滩无人问津的原因吧。习惯了熙攘的人群、踩踏柔软海沙的我，此时却被无人而至的安详海滩所吸引，随意捡拾几块颜色大小不一的碎石抛向海里，任由海水将它们淹没裹挟而去。人类不正像这几粒沉入大海的石子吗？与浩瀚的海洋相比，我们每一个人是如此渺小，何不自然而然地接受生命的洗礼，独守这份专属于自我的宁静。

图一　在加拿大不列颠哥伦比亚大学举办的“中华名人展”

行走于校园之中，随处可以看到横七竖八躺在地上的古树，你可以迈过去也可以绕开前行，没有人去刻意清理它们。但是这些枯木干枝并没有成为行人的障碍，反而围绕在它的周围又踩出了一条条的新路，它们就是这样自然生长，又自然灭亡。“圣人处物不伤物”说的就是此种景象，人只有接近自然，才能感知心灵在自然中的存在，又悄然在无形中升华。

“中华名人展”将在亚洲学院举行，这是一幢日式的建筑。在这幢房屋的前面，有从中国运来的泰山石，上面刻着的是儒家“仁义礼智信”。不远处，泰戈尔的头像在一棵树下显得格外醒目。繁茂的樱花树环绕着这幢建筑，在这几百平方米的建筑周围，最具亚洲特色的不同国家文化被有机融合在一起。

有了以上的心理铺垫和感性认知，“中华名人展”便自然融入异域文化元素之中，成为镶嵌在人文精神桂冠的最美装饰了。展览开幕简单而精彩，来宾的组成更是令人惊叹，最高年龄的耄耋老者是前加拿大驻华大使，最小年龄的幼童是一个襁褓中有着四分之一中国血统只有几个月大的婴儿。他们都与东方的中国有着密切关联，他们都在享受着多元文化共同带来的快乐。学习一种文化，并非一定要得到具体可感的知识条目，更应该去沉浸于甘露的滋润，在浓烈的仪式氛围中感受其强大吸引力和亲和力。

高楼与现代并不属于温哥华，即便是在繁华的闹市中心，抬眼所见到的是罗马角斗场样式的图书馆，哥特式的车站大楼，它们都彰显出自然与历史的融合，成为它逆光生长的样态。

每个人的成长既是自己生命的经历，更是与世界的相遇。在每次的相遇中，陌生变成了熟识，熟识也变成了陌生。认知交错的人生就像一只风筝，不断地逆光飞翔，但手中的引线却依旧挣脱不了。文化认知和归属就是这条或明或暗的线，它引领着你的心灵，规约着你的思维。返程的飞机逆着地球自转的方向，自东向西飞行。逆光飞翔的这段时间里，莫名的悸动和忧伤都已经成为过往，人生的经历交织着与世界相遇的传奇，相遇在同一片蓝天的不同地域。

（作者为郭沫若纪念馆研究员）

生活朝北　理想朝南

刘秋琬

在相当长的一段时间里，我对北方的生活充满了无尽的挑剔。已看不见燕雀的枝头告诉我，它们早已飞去了南方，秋天还未过，好像北京的冬天就已经来临。门外的风是刺骨的，只有嗖嗖的声音，令听者倍感凄凉。人的眼泪呀，吹出来就又干了，一如来不及感受到的酸甜苦辣、人间冷暖。作为从小生长在北方的姑娘，我却偏偏向往着南方。闲时，曾多次剖析自己的这种想法，不知是否因为我工作于郭沫若故居的缘故，看到了“文翁治蜀文教敷，爰产杨雄与相如。诗人从此蜀中多，唐有李白宋有苏”这样的诗句，自此对巴蜀之地充满了无尽的向往。

如同约好了一般，2017 年 11 月，我有幸前往四川沙湾的郭沫若故居，参加郭沫若诞辰 125 周年的活动。郭老在《我的童年》中是这样描写自己的家乡的：“大渡河流入岷江（府河）处的西南岸，耸立着一座嘉定府城，那在乡土志上是号称为‘海棠香国’的地方，但是那有香的海棠在现在是已经绝了种了。从嘉定的大西门出城差不多完全是沿着大渡河的西南岸走，走不上十里路的地方要渡过流入大渡河的雅河（这大约是古书上的若水）。再往南走，在离城七十五里远的一个市镇，名叫沙湾，那便是我的故乡了。”读了这段文字后，我便一直欢欣地想着，一定要好好感受是怎样的地方能够孕育这些如梦如幻的诗句和情怀。

初到沙湾，走在沙湾保存原貌的小巷里，随自己的喜好漫步于巷子中。看看两边高高的青灰砖瓦，留心瓦上那些被雨水浸湿的墙缝和墙缝里几株暗绿的小草，瞧瞧小巷边上的青石井栏，再抖一抖粘在鞋上的青苔，一种奇妙的情愫油然而生。十一月，我的家乡迫不及待地裹在寒冷里，凛冽而萧条，多的是街边的行色匆匆，人们豪爽的性格就像冬天的大风一样肆虐，来去迅如泼墨，连叹息都似一股野风吹过。这里却截然不同，很少有北方那样的天气，要么阴着天，要么下着雨，就像用各种底色调制出的心情，时而忧郁，时而沉思，偶尔引得无来由地心生恍惚。真像某个诗人说的那样，那是个走着走着花就开了的地方，似山长水阔别来已久。

走累了，站在一扇漆黑的木门前，这便是郭老的旧居。旧居位于小巷的中央，陈旧的小屋诉说着历史的变迁，伸直了脖子，仰望从墙上落下的一束阳光，仿佛回到了那个历史斑驳的年代，仿佛听到了有“吱呀”的一声门响传来，从门里走出来的却不是丁香一样的姑娘，而是步履蹒跚的老妇人。她坐在门前喜欢看人来往去。如果有时间，你可以上前搭腔，可以要一杯茶，学着南方女子的腔调，一句“阿婆”便把老妇人叫得满心欢喜，她会给你讲小巷里的老故事。你一边听，一边摇着茶杯，茶香酽酽，怎不把你的心境荡得湿湿暖暖的呢？于是我就想，秋天的南方就像一位恬静又俏皮的姑娘，绽放的是最好的温柔。这种温柔直抵心底，会把一些旧人旧事随之展开。

伤感时光的流逝，伤感生命在快乐与悲伤之间穿梭却不得结果的遗憾，就像我喜欢南方却又生长在北方一样。郭老的美作源发于此倒也不足为奇了。

带着无尽的感想返回了北京，我对北京没有那么多挑剔了，没有一个文人能够把他所追求的文学中的世界与现实世界割裂开来，生活终归不能只是随性自由，历史的年轮依旧抹不掉这里当时水深火热的现状。从厚重的四合院透露出来的烟火气中，我找到了以前从未感觉到的情怀，为了这个国家和人民，郭沫若选择离开那个充满理想的小镇，为了自己的信仰而奋斗着，我想这样才能养育出郭老那样的情怀吧，守得住雅致，也融得世俗，面朝天地，自由思考，一花一世界，一木一菩提。

我依旧生活在北方的都市，这里夜晚的路边摊依旧人声鼎沸，我却希望在某一天，将自己的心事遗落在那蒙蒙的烟雨中，遗落在那闻风有梦的小巷里。

（作者系郭沫若纪念馆助理馆员）

以坚定的文化自信谱写文化名人更美华章

——“8＋”文化名人展主题活动掠影

黄　芳

在广州这座世界化大都市，有一座设计独特的建筑物，她静静地伫立在繁华城市之中，这就是红线女艺术中心。2017 年 11 月 23 日，“与新时代同行——‘8＋’文化名人展”主题活动在这里拉开了帷幕。

一　博物馆界的乌兰牧骑与红线女艺术中心喜结良缘

来到红线女艺术中心，你会发现，高低错落、舒卷开合的回旋墙，犹如戏曲演员飘逸的水袖，是戏剧艺术与建筑艺术的凝结。竖立在小广场的展板，与平日的宣传风格有所区别，不仅仅是艺术大师红线女，还呈现着宋庆龄、李大钊、鲁迅、郭沫若、茅盾、老舍、徐悲鸿、梅兰芳、李四光、詹天佑等多位名家。仔细研读展板就会发现，原来是“与新时代同行——‘8＋’文化名人展”主题活动即将开幕。

本次主题活动是由广州市文化广电新闻出版局、北京市文物局、北京博物馆学会、中共北京市西城区委宣传部主办，红线女艺术中心、“8＋”名人故居（纪念馆）联合承办。通过展览、座谈会等形式，旨在发掘名人故居（纪念馆）的馆藏史料和文物资源，推动多地文化对话，让历史说话，让文物说话，使中华优秀传统文化不断发扬光大。

“8 +”名人故居（纪念馆）联盟，最初由北京宋庆龄故居、李大钊故居、北京鲁迅博物馆、郭沫若纪念馆、茅盾故居、老舍纪念馆、徐悲鸿纪念馆、梅兰芳纪念馆组成，自2000年结盟以来，它们凝聚力量，整合资源，挖掘优势，以鲜明的活动主题、丰富的文化内涵和灵活的巡展方式，在国内外举办了多元化和多形式的活动，引起了社会和博物馆界的广泛关注，被誉为“博物馆界的乌兰牧骑”。随着李四光纪念馆、詹天佑纪念馆以及红线女艺术中心等单位的加入，联盟由原来“八家”升级为“8 +”，这既保留了原来“八家”的文化品牌，又增加了馆际的交流合作，同时也满足了观众不断增长的文化需求。

红线女是享誉海内外的艺术大师，国家级非物质文化遗产项目粤剧代表性传承人。她所创造的红腔和红派表演艺术，代表着粤剧旦角艺术的最高成就。红线女是中国戏曲艺术的代表，也是中华文化历史上一座不朽的丰碑。“我的生命属于艺术，我的艺术属于人民”是她的承诺，更是她一生的写照。

红线女艺术中心是广州市委、市政府为表彰红线女对艺术事业的卓越贡献而于1996年投资兴建的。中心肩负着传承发展中华优秀戏曲艺术的重担，以研究、弘扬粤剧红派艺术为己任。2015年，位于广州市华侨新村的红线女旧居正式成为红线女艺术中心的重要组成部分，亦成为广州文化名城的一张新名片，一处别具特色的人文风景。

红线女旧居像一条纽带联系着大众，折射出红线女思想、文化以及人格的魅力。她所承载的时代精神和社会内涵与“八家”名人故居纪念馆聚合在一起。

“与新时代同行——‘8 +’文化名人展”主题活动是红线女艺术中心加入“8 +”联盟、成为跨区域合作伙伴后首次承办的专题活动，亦是“8 +”联盟首次在广州办展。开幕式上，参会单位代表签署战略合作协议，就文化交流、学术研究、宣传展览、出版发行、人才交流等领域的合作达成共识，为共享信息资源、开拓宣传渠道、搭建交流平台以及加强各馆之间的互动与合作打下坚实的基础。

两个“首次”，迸发出新的火花。战略合作联盟，带来更大更强的聚合能量。

二　以“红”为线，以“情”为介，谱写绚丽华章

开幕式当天，红线女艺术中心的大堂变成了红色的海洋，这是红线女所钟爱的颜色。视觉所到之处均以红为元素，线条简洁，强烈的弧线构造了流动的美感。

本次主题活动共有三个展览，分别为《为了中华文明的发展：名人·名作·名物》专题展、《红线女的香港情结——红线女与香港》专题展、《红线女与中国当代著名作家及其文学名著》专题展。

《为了中华文明的发展：名人·名作·名物》专题展位于红线女艺术中心的大堂，与“8+”联盟以往巡展有所不同，这是第一次以红色为基调，跳出常规，带出一分新意。一幅幅珍贵的历史照片以及馆藏精品，以“名人”“名作”“名物”为切入点。展览讲述文化名人生平，勾勒出他们波澜壮阔的人生轨迹；介绍文化名人的代表作品，以及他们为祖国、为世界留下的不可磨灭的精神遗产和文化遗产；展示名人故居纪念馆所收藏的珍贵文物，讲述文物背后的故事。

《红线女的香港情结——红线女与香港》专题展设立在红线女艺术中心二楼展厅。香港对于红线女来说，是她为之魂牵梦绕的地方。“银幕风采——红线女与香港电影”“粤剧寻梦——红线女与香港粤剧”“深情厚谊——红线女与香港情谊”三大板块，以图片、实物、视频讲述红线女与香港的不解情缘，以及她回归祖国，实践“生命属于艺术、艺术属于人民”的奋斗过程。其中不少实物是第一次公开亮相。

《红线女与中国当代著名作家及其文学名著》专题展位于红线女旧居三楼展厅。通过六个部分，讲述红线女与鲁迅、郭沫若、田汉、巴金、曹禺等当代著名作家的亲密交往。红线女从他们的作品如《祝福》《屈原》《蔡文姬》等汲取灵感，积累创作素材，在广泛接触他们的传世作品的同时，不断提高自身的文学见识和艺术修养，从而促进“红腔”“红派”艺术的形成和发展。

同日下午，“与新时代同行——‘8＋’文化名人馆学习贯彻十九大精神座谈会”在红线女旧居举行。走进红线女旧居，宛如看到了她生活中的另一面，粉红色的屋檐、亲手栽植的花木、洋红色的沙发以及浅粉色的窗帘、吊灯、摆件无一不彰显出主人的生活态度。庭院、会客厅、卧室、衣帽室、小书房、多媒体互动展屏等，以多元化方式，在这处洋溢着家的味道的地方，展现着红线女简单质朴而不失精致的生活，娓娓道来她平凡而又不平凡的一生。

“8＋”名人故居纪念馆代表近距离感受了一位老艺术家生活中的点点滴滴，纷纷感叹，原貌开放的红线女旧居，在纪念艺术大师红线女，弘扬其德艺双馨的高尚品格的同时，也体现了广州市委市政府对文化的高度重视，对广州乃至全国开展名人旧居保护和利用，都有着积极的借鉴意义。随后，与会人员就名人故居纪念馆的可持续发展、展览陈列、学术研究、资源共享领域搭建平台等问题进行了沟通交流，并对“8＋”联盟后续的合作发展进行了深入探讨和分析展望。

纵观“与新时代同行——‘8＋’文化名人展”主题活动，粤剧情、师生情、感恩之情、爱国之情，一个“情”字贯穿始终。在开幕式上有一个独具特色的环节，就是广州市前市长和红派传人的精彩演出。国家一级演员郭凤女为大家献上一曲甜美娇润的《荔枝颂》，饱含对岭南的赞颂之情。广州市前市长黎子流和国家一级演员、中国戏剧梅花奖获得者苏春梅联袂演唱了粤曲《花好月圆》。老市长回忆了他与红线女良师益友数十载的友情，讲述了自己在学习粤剧过程中，红线女对他的鼓励。最后，国家一级演员、中国戏剧梅花奖“二度梅”获得者欧凯明以一曲《红的倾情》，表达了他对红线女老师的追思怀念之情。

在党的十九大报告中，习近平总书记强调，文化自信是一个国家、一个民族发展中更基本、更深沉、更持久的力量。他指出，要深入挖掘中华优秀传统文化蕴含的思想观念、人文精神、道德规范，结合时代要求继承创新，让中华文化展现出永久魅力和时代风采。

“与新时代同行——‘8 +’文化名人展”主题活动的成功举办，既加强了各馆之间的文化交流，搭建交流互通平台，为“8 +”联盟增添了新的血液，亦是将力量凝聚在一起，继承和发扬中华优秀传统文化，坚守理想信念，坚定文化自信，以人、物、精神为载体，走到大众的身边，走进大众的心里，谱写文化名人更美华章！

（作者系广州红线女艺术中心办公室主任、馆员）

树立文化自信

——记在广州第一次参加“8 +”活动

刘雨桐

文化之于名人，好似大海托起了一艘帆船，有了大海，帆船才能乘风破浪；名人之于文化，则好似星火照亮了夜空，有了星火，夜空才更加美丽动人。2017 年秋天，就有文化名人展飞向广州，展览的目的是让星火继续传承，让中华优秀传统文化发扬光大。

在前往首都机场的路上，我们感受着北京清晨的凛冽，街上的行人都不自主地裹紧了身上的衣服，似乎连燕山也阻挡不住这来自西北的寒风。北京到广州的飞机刚一落地，便被南方湿润的空气包裹，下了飞机的人们纷纷脱掉厚重的羽绒服，换上精神硬挺的大衣，有的人甚至穿起了单衣。我们从气候、衣着上切实感受着南与北的差异，从机场到越秀区，一路上饱览这座南天一城的街景，心里也一直在思索北京与广州这两座城市的异与同。

这一思考又延伸到此次“8 +”活动上。这是我第一次参加“8 +”活动，对“8 +”的了解也仅限于包含了哪些单位，至于这些单位为什么会联合在一起，我不甚清楚。他们之间存在着怎样的联系？我思考着这个问题。难道仅仅是因为都是名人故居吗？虽然均为名人，但是宋庆龄、李大钊、鲁迅、郭沫若、茅盾、老舍、徐悲鸿、梅兰芳、詹天佑、李四光以及红线女，他们的专业、事业、成就各不相同。他们的差异那么明显，到底是怎样的相似才能使“8 +”走到一起？疑问很快就在正式的活动中得以解答，将“8 +”联结起来的正是文化，在这次活动中，我数次感受到文化的魅力。

活动的第一站是红线女艺术中心，在这里，“8 +”的展览在正红色的背景板上逐一展出，每一个馆的展览分为“名人”“名作”“名物”三部分。我仔细阅读了展览内容，最深的感受是尽管他们各自的事业不同、专业不同、个性不同，但他们都是近现代中国历史上的著名人物，身上都刻着时代的烙印。他们都爱国，为国家和民族做出了特殊贡献，并产生了深刻的影响。他们之中有的为和平奔波在世界舞台，有的把外国的先进思想、技术和优秀作品引入中国，为了国家、民族，他们都付出了很多很多。同时，他们的身上都有着丰富的文化内涵与人文底蕴，他们的成就和作品是那样耀眼，为世界人民所关注和热爱。作为讲解员，我为观众讲解了展出的宋庆龄的5件遗物。看着观众热切认真的目光，我想他们一定是被名人的精神所打动，这种精神来源于中国传统文化和中华民族积淀，流淌在每个人的血液里。我能够担任文化传播的媒介，讲述中国故事，何其有幸（图一）。

接下来的开幕式上，我们作为参与者，为观众朗诵了自己展馆的名人名句。在这一环节，我又感受到语言文字的力量，感受到名人对中华民族的无限深情，对国家建设的坚毅奋斗，对科学真理的不懈追求。

每一项活动对于既是参与者也是观众的我来说都是一次文化洗礼。名人们所掌握的关于社会、地理、历史等知识，内化到他们的思想、精神、行为、生活方式等方面；而他们取得的成就，又通过展览、朗读的形式完成一次文化的输出与传承。中华文明滋养着他们，他们又用自己的成就丰富着中华文明的内涵，再一次滋养着现在的我们。从广州的观众们驻足阅读展览内容、仔细聆听讲解的神态中可以看出，和我一同受到震撼与洗礼的人不在少数。

图一　工作人员在红线女艺术中心讲解

开幕式上，另一个给我留下深刻印象的是广州市前市长黎子流登台献唱粤曲《花好月圆》（图二）。在登台前他说，无论唱得好不好，大家都要鼓掌鼓励我，都要听我唱。来广州之前，我对粤剧知之甚少，甚至对本次活动的主办方之一红线女艺术中心也知之甚少。对红线女的了解，也仅仅是知道她是粤剧的一代宗师，她开创了中国粤剧史上花旦行当中影响最大的唱腔流派之一——红派艺术。台上的粤剧表演带给我很大的震撼，看来粤剧已经深深扎根于每一个广州人心中，前市长能够上台献唱，可想而知广州人对粤剧是怎样一种热爱。粤剧唱腔时而铿锵有力，时而婉转悠扬，与中国传统的民乐配合默契，粤剧不再曲高和寡、阳春白雪，而是得到大众的认可，内化成自身的文化储备与精神宝藏。在我看来，这正是“树立文化自信”的内涵之一。作为传统文化代表之一的粤剧，深得广州人民的认同与喜爱。广州人民现身说法，为我展

图二 “8+”活动上的文艺演出

示了什么是对其文化的生命力持有的坚定信心。

第二天，大家一同去了广州鲁迅纪念馆。映入眼帘的是一座黄色的西式建筑，塔楼上有一座大钟，具有浓厚的民国味儿。纪念馆所在的路名很有意思，叫“文明路”，置身于此，仿佛能感受到文明的洗礼。走进建筑内部我才知道，这里不仅是鲁迅先生住过的地方，更是清代广东贡院所在地。清末废除科举后，广东贡院被拆除，在原地兴建了两广优级师范学堂，后又改名国立广东高等师范学校，随后又改名为国立广东大学，之后合并了广东公立法科大学、广东农业专门学校，最后更名为国立中山大学。鲁迅先生在此居住期间，担任中山大学文学系主任兼教务处主任。在这里，孙中山先生主持召开了中国国民党第一次全国代表大会，改组国民党，实现了第一次国共合作。这座建筑里活跃着多少伟人的身影，见证了多少重要的历史时刻，我被这里厚重的历史所震撼。

给我更大惊喜的是广州鲁迅纪念馆的展陈与设计理念，以及那些有意思的文创产品。值得一提的是一种文创笔记本，名为《那些年我们遇到的鲁迅》，本子的前几页收录的是语文课本中收录的鲁迅先生作品，不是简单的文字上的重复，而是将当时的教材完全复制到这本笔记本上，捧在手里就像捧着当时的课本。翻阅的时候，我看到的不仅是鲁迅先生的作品，更看到了语文教材的更迭，从 1926 年到最新的 2002 年，充满了文艺性和历史感。这是多么巧妙的设计。文化正是从这些富含趣味的文创产品中得以展现，在我眼里，这同样是文化的发生，这个本子赋予我们的不仅仅是一个漂亮的笔记本，更承载着文化、历史的轨迹，让人忍不住去一探究竟。

在建党 95 周年庆祝大会的重要讲话中，习近平总书记指出："文化自信，是更基础、更广泛、更深厚的自信。"习近平总书记指出，提高国家文化软实力，要努力展示中华文化独特魅力，要把跨越时空、超越国度、富有永恒魅力、具有当代价值的文化精神弘扬起来，"把继承传统优秀文化又弘扬时代精神、立足本国又面向世界的当代中国文化创新成果传播出去"。

在广州的这几天，我不但对广州这座城市充满好感，看到了广州的文化自信，也对自己参与的文博事业充满信心。储藏在每个中国人血液里的中华优秀传统文化、历史基因，是我们文化发展的母体，是中华民族发展的动力，更是我们最深厚的文化软实力。

（作者系宋庆龄纪念馆社教部工作人员）

走进故居

永远的景仰

——参观北京茅盾故居

钟桂松

位于北京后圆恩寺胡同13号的茅盾故居，是一代文学巨匠茅盾先生晚年生活过的地方，是文学爱好者所景仰的地方，是中国现代文学的一个圣地。近日，在一个冬阳杲杲的上午，我专门去拜访文学巨匠晚年生活过的地方，寻觅和感受茅盾先生1400多万字文学作品闪耀着的现实主义光芒。

北京后圆恩寺胡同13号，是茅盾先生从1974年至1981年逝世前生活、工作、读书、写作的地方。所以，茅盾先生去世以后，这里在1982年就被定名为茅盾故居，受到保护。1984年5月24日，又被确定为北京市文物保护单位，进一步从法律层面保护了茅盾的故居。几十年来，我曾经多次到茅盾故居寻访拜谒，感受茅盾先生的精神，体会茅盾先生的伟大。记得1983年3月，我到北京参加首届全国茅盾研究学术讨论会。会议结束时，茅盾先生的儿子韦韬同志将茅盾先生的一部分遗物捐献给茅盾的出生地——乌镇的故居，这也是国内另一处茅盾故居。当时我们到后圆恩寺胡同13号茅盾故居时，原来在茅盾身边工作的小李已经整理好几大箱子，让我们带到乌镇茅盾故居。所以，现在乌镇茅盾故居里展示的茅盾遗物，大部分是当时我们从北京取回来的。那次是我第一次走进北京后圆恩寺胡同13号小四合院的茅盾故居，当时茅盾去世刚刚一年，茅盾的后人已经主动搬出四合院，目的是保存一个完整的茅盾晚年生活、工作、写作的地方。再后来，我又多次到茅盾故居参观瞻仰。记得 1996 年 7 月茅盾先生诞辰 100 周年时，我们浙江的一批茅盾研究者齐聚茅盾故居，瞻仰缅怀这位具有国际影响的文学大师。那次，我们和俄罗斯的中国文学研究者索罗金先生一起探讨茅盾研究。进入 21 世纪，我又多次到后圆恩寺胡同 13 号茅盾故居参加中国茅盾研究会的会议。每次走进茅盾故居，我常常别有一种情怀，内心油然升起一种让人激动不已的崇敬感。事实上，北京后圆恩寺胡同 13 号的茅盾故居，已经成为我心中的文学圣地。

故居门口的白杨树现在已经高大挺拔，冬天的树叶飘洒一地，小胡同显得有些萧瑟。但是白杨树的枝干依然精神矍铄，在耀眼的阳光里，春夏秋冬，年复一年，日复一日，数十年如一日，守护着茅盾故居，守护着这所文化精神家园。所以，还没有进故居大门，我就对这两棵几十年每每见到的忠心耿耿的白杨树充满敬意。

走进这个不大的 500 多平方米四合院，院子里打扫得干干净净，葡萄架、苍虬的葡萄藤、汉白玉的茅盾半身雕像跃入眼帘。望着茅盾雕像，望着这位为共产主义奋斗终生的文学巨匠，我的心情和几十年前一样，充满敬意。在故居的三个展室里，浓墨重彩地展出茅盾精彩的一生，展示了茅盾生活的背景以及为中华民族的文化事业做出的巨大贡献，从 19 世纪末茅盾出生时的乌镇风情到沈家旧照，从北大毕业到商务印书馆工作，从第一本翻译著作到主编《小说月报》，从参加中国共产党的建党活动到大革命时期的活动；从 1927 年茅盾以“茅盾”的笔名创作《蚀》三部曲，走上文学创作的道路，到之后不久创作的《虹》《子夜》《春蚕》《林家铺子》等小说，在相关的展室里都得到图文并茂而又扼要精到的展示，让每个参观者充分感受到茅盾对中国文学的贡献。新中国成立以后，茅盾担任文化部部长、中国作家协会主席，在繁荣中国文艺、弘扬现实主义文学以及文化建设方面，殚精竭虑，所以，前前后后十五年的文化部部长生涯，给人们留下了共和国文坛保姆的亲切形象。粉碎“四人帮”以后，在这座四合院里，茅盾以全国政协副主席身份和中国作家协会主席的崇高威望，接待来自全国各地的作家和学者，接待来自世界各国的国际友人，谈笑有鸿儒，让茅盾感到少有的心情舒畅。

茅盾少年时经历过辛亥革命，青年时经历过五四运动，参加过波澜壮阔的大革命，亲身经历了抗日战争、解放战争，到过香港，去过延安、重庆。新中国成立以后，他经历过无数次政治运动，也见证了粉碎“四人帮”以后的国家的繁荣安定。此时，这位见证了 20 世纪历史发展的文学巨匠在生命的最后的几年，就在这座四合院里，开始了回忆录的思考和写作，奋力书写自己走过的道路，留下了大量的关于现代文坛和中国革命的史料，让后人看到了中国 20 世纪的时代风云，更让人们通过茅盾的回忆录，倍加珍惜今天和平安宁的生活。

正当我在一个展室接着一个展室参观时，三三两两的参观者也走进茅盾故居，有年纪大的带着孩子，有年轻人陪着老人，有情侣一起来的，也有学生模样的。他们在茅盾故居的展室里，看着文字介绍，看着这些图片，轻声细语地说着什么，仿佛年轻人在追寻历史，老年人在回忆过往。看得出来，茅盾故居的这些展览，使参观者得到了精神和文化的满足。

这时，茅盾故居的郭主任知道我来参观，特地过来陪我去后院茅盾生前的书房和卧室看看。郭主任在故居工作多年，对茅盾故居里的一切如数家珍，对故居的一草一木都充满感情。她告诉我说，到茅盾故居来参观的人数在逐年增加，现在每年有十三四万的参观者到茅盾故居参观瞻仰。几十年来，在一代又一代的管理人员的精心维护下，茅盾故居不仅保持了茅盾生前的模样，而且在管理维修方面做了不少工作。郭主任指着茅盾卧室的地板说，这是这几年修的，我一看，发现这地板比以前的更结实、更干净了。郭主任还告诉我，茅盾当年在卧室外会见老朋友时坐过的简易椅子，还是原来的椅子，鹅黄色的布外套还是老样子。我知道，茅盾当年在这里会见过巴金、丁玲等文学泰斗级的人物，会见过日本的松井博光以及美国、法国、新加坡的学者和朋友。坐在这把简易的椅子上，茅盾和来访的老朋友回忆过往，向来访的朋友询问多年没有来往的朋友的近况。在这把椅子上，茅盾和来访的朋友留下了许多珍贵的照片，成为人们永远的记忆。望着这把椅子，我仿佛看到茅盾刚刚送走朋友，椅子上还留着友谊的余温。郭主任告诉我，故居保护既是一项工作，也是一份责任、一种感情，所以她尽力做好故居管理的每一件大事小事。这些年，外面的世界发生了巨大的变化；而这里，不变的是对茅盾这位文学巨匠的感情。郭主任告诉我，她马上要退休了，她唯一的愿望，是继任者一如既往，带着对茅盾先生的深厚感情来管理好这一方文学圣地。

后圆恩寺胡同 13 号茅盾故居，是胡耀邦、习仲勋、王任重等老一辈无产阶级革命家当年亲自批准同意设立的。茅盾是我们党的最早的党员之一，无论在中国共产党的革命史上还是中国现代文学史上，都享有崇高威望。守望着这样一个文学巨匠的故居，是责任也是幸运！在院子里，我问郭主任：“这棵葡萄藤是以前就有的吧?”“是的”，她回答。她还说，这棵葡萄藤一度有些萎缩，这几年又生长得蓬蓬勃勃了。我们一听都会意地笑了。我们相信，中国文学在新时代百花齐放的春天里，同样也是会生机勃勃地发展的。

北京的茅盾故居是中国文学的一方圣地，是一个永远值得人们景仰的地方。离开茅盾故居时，我如是想。

（作者系浙江省新闻出版局原局长、中国茅盾研究会原副会长、高级编辑）

走过四季的宋庆龄故居

孙　鑫

一　春

终于挨过了寒冬。青砖黛瓦间，那扇朱漆的大门在萧瑟惨淡的初春格外显眼。匾额上铁画银钩般的字体，向人们昭示着故居主人的荣耀。是的，住在这里的她就如这字体一般，端庄，沉稳，刚劲有力。她的存在，就像是寒冬中吹来的一阵春风，温暖而带有生机。

第一次到宋庆龄故居参观是几年前的春天，正值海棠花开的时候。那天阳光很好，晒在身上暖洋洋的。我当时刚看了一个电视节目，讲的是北京的四合院。我记得节目中嘉宾讲了很多宅院布局中的讲究门道，还特别提到院中所植树木的种类，令我印象最深的就是海棠了，现在想来，当时也算是慕名而来。在参观的路上，我还查了海棠的品种，发现其种类驳杂。明代《群芳谱》中记载："海棠有四品，皆木本。"而这四品，指的就是观赏性品种中的珍品，其中以西府海棠为最佳。历代文人也多留有诗句，而苏轼的那句"只恐夜深花睡去，故烧高烛照红妆"，堪称经典中的经典。

我寻着长廊走在故居庭院当中，体味着北京转瞬即逝的春的气息。无怪乎林徽因写道："你是一树一树的花开，是燕在梁间呢喃。"春的极致在四月。穿过层层建筑，来到中套院当中，满树的花，一簇簇地开着。“知否，知否，应是绿肥红瘦。”眼前看到的景色，应是李清照所观所感的样子吧。红白相间的小花有的绽开，有的还是花苞，静静地散落在绿叶当中，如火，赛雪。鹅黄色的花蕊在花间点缀，显得娇嫩不已。西府海棠的美，虽不似牡丹那样奔放，但它花姿潇洒，花开明艳，却是雅俗共赏的类型。一阵春风拂过，满树的花朵轻轻摇动，好似要将游客招来，欣赏自己的美。面对这两棵距今已有两百年历史的古树，我仿佛在时空中穿梭。不知当年这里的主人是否也曾像我这般，站在树下，抬头仰望它的明艳之景，低头想起故人之情呢？

说起故人，我不由得想到了国家名誉主席宋庆龄同志。她在搬到这里工作和生活的 18 年中，每每在海棠花开之时，站在树下，心里又是哪般思虑呢？是在想念她的亲人；是在盼望台湾回归，祖国真正统一；是在筹划“国之未来”的教育工作；是在憧憬中国下一个五年的变化；还是在缅怀逝去的革命战友呢？大概都会有。越发想着，越发觉得宋庆龄与这西府海棠有着诸多相似之处。西府海棠被誉为“国艳”，宋庆龄被誉为“国之瑰宝”；西府海棠花朵红白相间，美艳却不俗气，宋庆龄端庄大气，高雅却又亲民；西府海棠开花落果，供人欣赏，赠人果实，宋庆龄为中国革命、人民生活鞠躬尽瘁，殚精竭虑。不管是否巧合，我都觉得她住在这里，与这园中景致是十分契合的。

我所能想到与这里媲美的海棠，大概只有中南海西花厅的吧。据说当时周总理也是冲着这海棠花住进西花厅的。花开花落的海棠，陪伴他度过了 20 多年的美好时光，它最知道周恩来几多繁忙，几多快乐，几多忧愁。周恩来和宋庆龄两人可称得上是相交多年的革命战友了。早在黄埔军校时期，宋庆龄就对当时身为政治部主任的周恩来大加赞赏。新中国成立之后，周恩来更是对宋庆龄的工作和生活关照有加。就连故居这个地方，都是周恩来亲自为她挑选的。在“文化大革命”前期，周恩来提前将这里保护起来，将它受冲击的概率降到最低。但不幸的是，1976 年 1 月 8 日，周总理与世长辞。当宋庆龄从广播中听到这个消息时，她悲痛不已。她知道为国操劳鞠躬尽瘁、时时关心着自己的那个人真的走了，再也见不到了。泪水不住地从她的脸颊上流下来。周恩来的去世，对宋庆龄的打击实在是太大了。每年海棠花盛开之时，她也会记起这位老朋友吧。

蓦然间察觉，自己已经在树下驻足多时，遨游天外的思绪也不情愿地回到身体中来。我长舒了一口气，既是赞美，又是感叹。这其中的滋味，又有谁可以分得清的呢？我举起手中的相机，对焦，按下快门。咔嚓一声之后，一切都被定格在那一秒。那张相片照得真好，记录下花开的繁茂。我把它放在相册里，每每翻到时就会想起，那天阳光刚好，正直海棠花开的时节……

二　夏

纳兰性德，字容若，号楞伽山人，大学士纳兰明珠长子。很多人都知道这个在清朝文坛上耀眼的名字，他与陈维崧、朱彝尊并称为“清词三大家”。但天妒英才，年仅 30 岁就结束了他如烟花般灿烂的一生。纳兰性德出身显赫，又文武兼修，是当时世上无双的才子。直至现在，研究他和他的诗词的人亦不在少数，我只能算是刚入门而已。至于让我走近他生活的原地的原因，大概是因为他的那首绝唱吧。

“阶前双叶合，枝叶敷华荣。疏密共晴雨，卷舒因晦明。”寥寥二十字，虽是写景，但不也是在抒情么？寥寥几笔，画面感跃然纸上。台阶前有两株明开夜合树，枝头花繁叶茂，树的阴影在晴雨中疏密有致，花儿因昼夜开闭不同。纳兰容若倚在窗边，看着园中的夜合树，是不是又在想那个她呢？

二十岁那年，英气俊朗的他娶了小他两岁的她。一个风流潇洒，文武双全；一个生而婉约，性本端庄。无论门第、教养，还是年龄、相貌，二人结为连理，可谓天作之合。成婚之后，夫妻二人恩爱有加，幸福美满，羡煞旁人。大家都认为他们会一直幸福下去，可天不遂人愿，妻子因产后受寒而亡，而他们的婚姻才走到第三个年头。妻子的离世给当时的容若沉痛一击。自此诗词风格大变，悼亡诗词中一再流露出哀婉凄楚的不尽相思之情和怅然若失的怀念心绪。“辛苦最怜天上月，一夕如环，夕夕都成玦。若似月轮终皎洁，不辞冰雪为卿热。”可见没了她的他，连满月都是哀伤。“情知此后来无计，强说欢期，一别如斯，落尽梨花月又西。”又是一夜未眠，即便勉强自己，可那种哀从心头起，又哪是能掩饰的住的呢？“十年生死两茫茫，不思量。自难忘。”（苏轼）这种心情容若可以理解。除了容若，还有她吧。

孙中山与宋庆龄的结合，在当时看来是不可思议的。年仅 22 岁的宋庆龄嫁给了大自己 27 岁的孙中山。很多人不看好他们，但她知道，嫁给他是自己的愿望。他们的婚姻生活虽说历经生死考验，但爱情、革命友情都是货真价实的。在结婚四周年之际，孙中山在给宋庆龄的联语中写道：“精诚无间同忧乐，笃爱有缘共死生。”同样是天不遂人愿，宋庆龄以为自己可以一直追随着这位令她仰慕的男人，但是，他被病魔夺去了生命，而他们的婚姻还不满十年。难过有之，悲痛有之。但从此以后，她决定坚强地活着！是为了他，更是为了完成他未竟的事业。可每当夜深人静，她是否也会想他呢？每次坐在钢琴前，缓缓弹出的曲子，除了思念自己的兄弟姐妹，是否还有一首为他而奏呢？

我再一次来到故居，是一个刚下过雨的夏天。站在南楼门口，看着不远处那两株明开夜合树。白嫩的小花散落在绿叶间，花苞半开，露水嵌入其中，像一颗颗闪耀的钻石，更像是串串晶莹的泪珠。那“花泪”为谁而流？我不得而知。故居内的两株明开夜合树是容若亲手所植，夜合花的花语是合欢，有祝福婚姻美满之意。不知容若每次看到它们，心中是何种感想。“影随筠箔乱，香杂水沉生。对此能消忿，旋移近小楹。”这是他最后一次与友人对月畅谈，一醉，一咏，三叹，留下了这首诗。从诗文中我们看到，他释然了，也解脱了。七天之后，年仅 30

岁的纳兰性德放下了所有，永远地离开了。他摆脱了战场上洒下的汗水，他摆脱了不自由的政治桎梏，更是摆脱了对于亡妻的思念。终于，一切都过去了。30 年在历史的长河中如白驹过隙，留下的是爱，是恨，是无尽的回忆和共鸣。雨后的夜合花淡雅纯净，每天的花开花谢，是纪念，是祭奠，更是守候。

三　秋

无论在什么地方，秋天总是好的。我曾在洱海边感受过秋风，也曾在九寨沟赏过彩叶、蓝湖。可是啊，北京的秋，来得轻，来得快。纵使我身在他乡，也要赶回来，品一品这北京的秋，这故都的秋味。

刚到宋庆龄故居工作是夏末秋初，到现在我也没想到自己竟然有机缘来这里工作。随着日子一天天过去，慢慢地，我对这里越来越熟悉，也越来越喜欢这里。北京的秋天很独特，今天下班前还是满树绿叶，等到明天一早再瞧，半数的叶子都黄了。最漂亮的还是院里那棵距今 500 年的凤凰国槐。郁达夫说：“北国的槐树，也是一种能使人联想起秋来的点缀。”坐在它的旁边，一阵秋风吹过，槐花扑簌簌地洒落下来，有的散在地上，有的落入湖里。鱼儿们以为是食物，慢悠悠地游过来品尝。一切都是那么的静谧。细细聆听，耳畔的蝉鸣已不再如夏天那般聒噪，浅吟低唱般传入耳中。一个人坐在树下观想，仿佛自己的心灵都得到了升华，褪去了夏日的浮华，心境变得平和。遥想宋庆龄在工作之余，是否也曾站在树下或暖廊当中，静静地看着这株古树，看它迎风而动，看它振翅欲飞。至于这棵古树为何这般生长，经考证，是因为之前遭受过雷击，使其长势西侧略高，如凤头一般，东侧较低，如一蓬凤尾。

“北方的果树，到秋来，也是一种奇景。”（郁达夫《故都的秋》）故居内有几株龙眼葡萄，是当时从宋庆龄方巾巷寓所中移植而来的。每年秋天，一颗颗葡萄饱满透亮，一串串挂在藤上，漂亮极了。宋庆龄住在这里时，有客人来了，命人剪一串葡萄下来洗净，招待客人，也是别有一番趣味的。这种结果子的树在王府花园、庭院故居中很常见。既有结果的寓意，又为主人平添一丝秋天的气息。

在故居拾一片品相刚好的黄叶，随手夹在一本书中。不知何时再翻开，叶的脉络已因失水而显露在叶片当中。它是秋日的一段剪影，一丝回味。每每翻到，带给我们的，除了秋日的绚烂多彩，更有那一抹秋天的味道。北国清秋的佳日，是一年之中最好的金色时节。郁达夫说：“这北国的秋天，若留得住的话，我愿把寿命的三分之二折去，换得一个三分之一的零头。”

四 冬

春生夏长，秋收冬藏，秋天一闪而过，冬天悄然而至。老舍喜欢济南的冬天，他曾写道“在北中国的冬天，而能有温晴的天气，济南真得算个宝地。”郁达夫亦曾写过江南的冬景。而我最喜欢的，是梁实秋的《北平的冬天》。他在开篇第一句就是：“说起冬天，不寒而栗。”文字亦如北京人和北京的冬天一样，朴实而直率。

北京的冬天有着北方冬天鲜明的特点。现在回忆起来，小时候北京的冬天真的很冷。呼啸的北风打在院中的门窗上，发出各种声音。一觉醒来，窗外的世界已经历了一场大雪。厚厚的雪盖在房檐上，顺着瓦片垂下来很多冰柱，在冬日的暖阳中晶莹剔透，似一串串耀眼的风铃。凛冽的北风刮着，每个人的脸都被吹得红红的。

现在，很多人热衷于到故宫去看雪景。有一次我被朋友拉着去看，光排队就用了近一个小时，赏雪的心情已不再那么高昂。进去之后除了看人头攒动，就是被踏乱的地面，哪还有什么雪天的景致可言，最后扫兴而归。来到宋庆龄故居之后，我又开始憧憬这里的雪景了。暗想着：

这里的雪景虽不如故宫红墙黄瓦落雪后那般雍容华贵，但青黛色的墙头覆上雪，却另有一番庄重感。青灰色的墙砖给人以沉稳大气的感觉。园内所植树木种类很多，虽然冬天使它们摘掉了“帽子”，褪去了“外衣”，但它们伸展挺拔的枝干，将整片天空划成点点碎片，细碎但错落有致，也别有一番风采。

给我印象深刻的还是园内的那棵西山松。当年它被植在这里，是作为宋庆龄的圣诞树，但因为所栽地点不适宜其生长，才被移到了假山之上。在假山上它每天可以受到阳光的滋养，针叶愈发的苍翠，枝干也变得粗壮，好似受到上天垂青的孩子，努力汲取养分，想尽快长大成人。寒冬时节，其他树木树叶凋零，西山松依旧挺立着，以傲然的姿态迎接冬天，那种“众人皆醉我独醒”架势深深地触动着我。挺立的树干就像中国人的脊梁。它不畏寒冬，越是极端天气，越是挺立，就向宋庆龄一般，坚毅而果敢。

宋庆龄当年回国参加完孙中山先生的奉安大典后回到上海，在那里她受到了国民党的暗中监视与威胁，蒋介石更是派戴季陶作为说客，希望她不再发表反蒋言论。在当时的大环境中，已经有人屈从了，但宋庆龄没有，她回绝了戴季陶，决绝地对他说：“使我闭嘴的办法就是枪毙我或监禁我。”并且将这件事公布在报纸上。这样一位在历史的洪流中能够分清善恶、禁得住考验的人物，是值得我们敬佩的。宋庆龄举正义之力，行正义之事，无畏挑战，砥砺前行。她有梅花的高洁和青松的傲骨，无怪何香凝有诗赞其“唯菊与石，品质高洁；唯石与菊，天生硬骨”。一声鸽哨将我的思绪拉回现实。成群结队的鸽子在空中自由翱翔，与青松遥相呼应，让人不由得发出感叹：这寂寥的冬天，还是有生机的啊！

我们常常因风景而感动，是因为懂得它的美。当阳光洒遍心灵，我们体会到温暖；当春风拂过心灵，我们心灵的土壤将长出参天大树。我们敬畏伟人，因为他（她）们带给我们感动。而这种感动，亦能从风景当中体现。古人云“格物致知”，大概就是这种体会吧。

我们观一片叶而知生命，看一幅画而知情感，赏一首诗而知得失。春生、夏长、秋收、冬藏，一年四季不断轮回。我们在一次次的感悟中升华自己，也在一次次的升华中提高境界。冬天来了，春天还会远么？那天阳光刚好，又是海棠花开的时节……

（作者系宋庆龄纪念馆社教部工作人员）

做一个幽默的悲观者

孙翼钰

很多人迷恋那高山大川和奇花异草，但于我而言，路途中再壮丽秀美的风景都很难走进心坎里去，一过眼便各不相干。比起游山玩水，倒不如来到名人故居，怀着一颗虔诚的心，去感受那保留着生命痕迹的每一处角落。

在繁华的北京城内，有一座再普通不过的四合院，那是老舍先生的家，院内的一草一砖都是他的生活标记。房屋简单干净，整齐严谨的布局中透着一股文化气息。这条丰富胡同，已然数不清有过多少人慕名而来，他们渐渐走远，又来一批，一代一代接连不断。这是老舍纪念馆，是老舍先生最后住了十六年的地方，也是其人生成就最为辉煌的地方。

走进大门，绕过红门廊和灰染房，映入眼前的便是院内那两棵高大的柿子树，这是老舍先生当年亲手栽种的。我常听老人说，栽柿子树寓意“事事如意”。只见它在北房前挺着枝干，岿然不动，风骨一如其主人。待夏日柿树开花，小院便飘满淡淡的清香味儿，还时不时地招来几对小虫儿，热闹极了。一入秋，你就会惊喜发现，叶丛中隐约露出些又青又小的柿子。没等几天，树枝上便缀满果实，红灯笼似的，别有一番诗情画意。再后来，叶落满地，冬天悄悄地来了。你若赶巧这个时候来参观老舍先生的故居，准能瞧见那些活泼可爱的小麻雀落在树枝上东看看，西瞧瞧，叽叽喳喳叫个不停。

院子里，游客一群又一群地簇拥而来，这时我的思绪难免有些杂乱。于是我索性站在南面墙根的柿子树一旁，眼睛微闭，慢慢舒了几口气，心里这才畅快一些。

接下来便是东、西厢房，此为纪念性展室，规模不大，却保留有老舍先生各个时期不同版本和各类文字的作品。先来看第一展厅，其中记载了老舍先生的成长经历以及在山东那段时间的生活细节。我印象比较深刻的是，橱窗上大红色婚书前，摆放了一张他年轻时的照片，二十七八岁的样子，蓄着一头短发，白衬衫的领口微微敞开，光洁白皙的脸庞，透着棱角分明的冷峻，一副黑色镜框显得老舍格外儒雅，修长高大却不粗犷的身材散发出了他独有的人格魅力。突然眼前一亮，我看到了一部小说《骆驼祥子》。大家都知道，20 世纪 30 年代老舍先生经常辗转于济南、青岛、上海等地。这段时间，他写出了身为职业作家的处女作，底层人力车夫祥子火速蹿红。在山东的那段岁月，老舍先生努力地创作，时间虽短，但是一口气住下来，其间的酸甜苦辣便在他这一生中成一段落，深深地印在心里。

在第三展厅的“美国之旅”展区里，最值得关注的便是“中美混血”作品《四世同堂》的诞生了。老舍以温厚的心态，带着理性的思考，站在文化视角写出了《四世同堂》。书中以沦陷的北平为背景，对中国传统文化中的家族文化所造成的国民劣根性进行了深刻的反思。作品前两部是在此地所作，第三部是老舍赴美期间完成的。你瞧，时间和文字在这个老庭院慢慢地浸润着，它记录了老舍的创作历程，让人领略到老舍一生的创作成就，进一步感受到他作品的独特魅力以及对后人的影响。

走出展厅，再来正房看看，里面陈列着老舍先生生前所用的种种物品，向人们展示着他当年的生活样貌。几间平房，一二小桌，桌上书籍不少。偶有鲜花，插在小瓶里，相当别致。南面向阳的窗台、茶几上摆着各种花花草草，没有一种珍贵费事的，只求繁茂多花。我一边观看，一边在脑海中想象，回忆着老舍在这个小院生活时的一举一动。开着窗，风儿轻轻吹动花与叶儿，空气中传来阵阵清香。我仿佛看见老舍双手捧着书本，目不转睛地看着，偶尔因故事的高低起伏而发出几声长叹，过后如释重负般发出爽朗的笑声。

老舍先生生在北京，长在北京，死在北京，他写了一辈子北京，老舍跟北京分不开，没有北京，就没有老舍。正所谓一方水土养一方人，土生土长的北京人大都是实在的，性格中没有过多虚伪、矫饰成分，对人自然、随和。他们善谈，神侃是老北京人的特点。据说老舍到老都记得好多段聊斋，在院子里滔滔不绝地为朋友们讲说各种故事的时候，还能说得齐全动听，他把原文变成大白话，又添上一些逗哏打趣，有意思得很。这么一位有学问而没有架子的作家，想必是极天真可爱的人了。

读过老舍先生作品的人不难发现，他所写的小说、话剧等，满篇都是北京话，句句上口。老舍 20 岁以后，便糊口四方，颠簸多年，学得各地方言。尽管如此，他大体上说的还是北平话，而且相当喜爱它。作为北京城和北京话的“代言人”，老舍刚开始创作小说的时候，一下笔便拿出打小就用惯了的北平话。俗话说：“一切皆由此发生，性格便会在此铸成。”先生长居于北京，深受其影响，人格中自然而然会带着京味儿的幽默感，他爱说笑话，俗的雅的指不定说什么，但总能说得有趣。言语是心之声，的确，从心窝里掏出来的话，往往是最打动人的。老舍深信这一点，他用最为简单通俗的言语，既写出世人的愚笨可笑，又指出他们的可爱古怪之处，成功地创作出了独一无二的带有京味风格的喜剧艺术。

话又说回来，名人故居决不单单是一间屋子那么简单，而应是一本厚重的历史书。此时此刻，你若是要求我在参观完纪念馆之后立刻发表什么感慨，无论如何我都是写不出的。前面所谈到的种种，并不是我有意记下的，现在之所以能不费心力地讲述出来，是因为它们自然而然地存在我的心底，永远那么鲜活。我们通过走进故居，熟悉一座城，学习名人的精神力量，进而激发自己不断前行，这大概就是名人故居的最大意义所在了。

写家应该是一个幽默的人。这句话对不对我不敢说。但故居里所展现的一切，足以让人们感受到老舍先生的幽默风采。“风格即人”所言极是，是什么样的人，自然写出什么样的文章。与他人不同的是，老舍先生并非刻意把幽默当作文学作品的表现手法和艺术手段，而是将其标榜为一种人生态度，人们因而尊称老舍为“幽默大师”。他洞察世事，看到人间的缺点，也包括自己的。但人越是明白，越是有追求，就越孤独。老舍看透这个世界后，领悟到的是人生苦痛，他想用七尺之躯战胜一切，却无能为力。因此，幽默的人做不到浪漫，只能写实，只能悲观。最终，老舍先生一半恨、一半笑地去看世界，也正是这样一种心态，注定他是一位幽默的悲观者。

老舍的内心深处是苦痛的，但他不愿意哭丧着脸把悟出的人生道理告知读者。老舍的家世，在国外的经验，他的文学修养和他自己的生活方式，大概都使得他倾向于此。幽默使他自己在超越中获得了某种精神上的平衡与满足。正是老舍先生，让我了解到幽默与悲观的某种内在联系：幽默源于悲观，而非乐观。身为现代人，生活在节奏快、压力大的社会，倘若你已咂摸出世事的滋味，看透了许多事情之后，不禁悲观与恐怖，抑或人生中的小困苦、小折磨使你丧气，这时候千万不要难过，因为悲观始于智者，我们应该向老舍先生学习，要有奉献精神和一颗幽默的心，成为爱笑又爽快的人。

幽默与悲观成就了老舍，使老舍拥有着一种特殊的强大。对此我们该铭记在心。

（作者系山东师范大学 2017 级研究生）

跨越时空

——和李四光爷爷共圆地球梦

高　梅

2017 年世界地球日的活动主题是“节约集约利用资源，倡导绿色简约生活——讲好我们的地球故事”。

在紫竹院学区管理中心、中国地质力学研究所的大力支持下，北京外国语大学附属小学的少先队员们终于实现了自己的心愿，在第 48 个世界地球日走进李四光纪念馆，开展“跨越时空——和李四光爷爷共圆地球梦”活动。

我作为北京外国语大学附属小学（下文简称“北外附小”）的少先队大队辅导员，得以有机会走进这个在我心中无比神秘而静谧的院落。还是在少年时代，每次随父亲路过这里，我就会听到许多中国著名地质科学家、教育家李四光爷爷的故事。听着爸爸的讲述，想象着李四光爷爷为了给祖国寻找矿藏和能源，曾在这里废寝忘食地研究、工作，把“中国贫油论”的帽子彻底甩进了太平洋。30 多年后，我能够同少先队员们一起走进李四光的故居，少年时代崇敬的火种再次被点燃了。

4 月 22 日上午，春日和煦的阳光从宽大的梧桐树叶间洒落下来，我带着北外附小两个中队的少先队员们来到李四光纪念馆。红领巾、队旗和鲜花，点燃了新时代少年追求梦想的心。走进大门，整洁而简朴的气息迎面扑来。还没来得及细看，李四光的外孙女邹老师就出来热情地迎接我们了。邹老师告诉我们，李四光爷爷生前就特别喜欢和少年儿童在一起，还专门写过一部《穿过地平线》，希望祖国的地质事业后继有人。队员们手捧着邹老师送给我们的著作，稚嫩的脸颊泛起梦想的神采。

在李四光爷爷故居门前的空地上，队员们举行了简短而庄重的仪式。中国地质科学院地质力学研究所党委书记余浩科叔叔致辞，希望少先队员们传承李四光精神，为我们的地球家园贡献力量。邹老师希望同学们对我们赖以生存的地球有更进一步的了解，在今后的生活中积极参与节约利用资源、倡导绿色简约生活，并且向李四光小队授旗。少先队员们用最真挚的情感朗诵了我为这次参观学习活动创作的诗歌《跨越时空的地球梦》。听着队员们饱含激情的朗诵，我的内心无比激动，仿佛真的穿越了时空，庭前树下，队员们倚在李爷爷身旁，听爷爷讲述勘探的故事、能源的故事、地球的故事（图一）。

在中国地质大学珠宝学院的志愿者带领下，我们走进了“李四光纪念馆”。走廊尽头是李四光爷爷的半身塑像。大门正对着走廊的两侧

图一　北外附小同学走进李四光纪念馆

墙上，挂着李四光爷爷与国家领导人的合影以及亲友的照片。走廊两侧的展柜中，陈列着一件件珍贵的纪念品。往右走，是一个能兼会议室的大客厅。客厅四周是书橱和沙发，中间是一张长条桌和一圈椅子。靠窗一侧陈列着第四季冰川沉积物的地质标本。志愿讲解员告诉我们，这是当年李四光爷爷在野外考察的收获。几个棕色的皮沙发已经失去了光泽，听说这是他老人家1950年回国时，在旧货市场上买的。这里的一切都和我的想象大相径庭。除了那张硬板床和一张张家庭合影以及夫人弹的钢琴在告诉我们，这里是承载着他们爱的家园，其他全是李四光工作和研究的印记。

流连在纪念馆里，耳畔传来李四光爷爷在巴黎写的一首小提琴曲《行路难》，这也是中国第一首小提琴独奏曲。我给队员们念起李爷爷早年为悼念一个学生写的一首诗："崎岖五岭路，嗟君从我游。峰峦隐复见，环绕湘水头。风云忽变色，瘴疠蒙金瓯。山兮复何在，石迹耿千秋。"从字里行间，我们深深感受到李四光爷爷的爱国情怀、务实创新的科学精神、淡泊名利的崇高品格以及引领后学的大师风范。

邹老师告诉我们，有时候，家里人看到李四光工作太久了，劝他一起出去玩玩，看看电影，他总是说，能安心工作，为国家多找点儿能源，对我来说，就是最好的休息。听到这里，我的内心仿佛被李四光所牵引，他追求真理造福人民、勇担重任勇攀高峰的精神和对事业全身心投入的热情，像一股清泉洗涤着我的心灵。我不是科学家，但是作为一名人民教师，我应该用自己的情怀和行动，担负起做好学生引路人的重任，不忘初心，砥砺前行！

参观后，地质专家任舫博士又给队员们讲了一节有趣的地质课《煤炭与清洁能源》，激发了队员们对能源研究的热情。

通过这次地球日活动，少先队员们立志继承前辈宏愿，学习李四光爷爷的科学家精神，并以"用创造的精神和科学的方法求人生的出路"激励自己不懈努力，早日成为美丽中国的建设者。

附录：

《跨越时空的地球梦》

我多想走近您，
爷爷。
您是中国现代科学的第一批科学家，
是新中国发展贡献卓越的元勋。
您，感动了中国，
感动着一代又一代少先队员。
今天，我们来了，
跨越时空，
我们来向您描绘二十一世纪的美丽中国。

我多想抚摸一下您的书桌，
爷爷。
常年奔波野外，跋山涉水勤俭生活，
却把无尽的建树奉献给祖国。
您，创立了地质力学，
谱写了中国科学家的精神。
今天，我们来了，
跨越时空，
我们来和您一起为今天强大的祖国喝彩。

我多想望一下您那洞穿地球的慧眼啊，
爷爷。
中国核工业发展有您的贡献，

培养地质人才您殚精竭虑。
伦敦会议大厅的讲坛上，
您，铿锵有力地宣告一个新华夏海的诞生。
今天，我们来了，
跨越时空，
我们来听您的嘱托，实现您未了的心愿。

我们多想听一听您创作的小提琴曲《行路难》，
爷爷。
您坚信中华民族必将走出煤油灯光的昏暗，
封压亿万年的岩浆必将冲出地层。
您，用百折不挠的激情，
在中华大地绘出巨大的“多”字形油阵。
今天，
我们来了，
跨越时空，
我们采撷地球上最美的鲜花，
送给您。

我们多想为您朗诵一首诗啊，
爷爷。
“崎岖五岭路，嘬君从我游。
峰峦隐复见，环绕湘水头。
风云忽变色，瘴疠蒙金瓯。
山兮复何在，石迹耿千秋。”
您悼念学生的诗作，
也是您一生为地质科学钻研奉献的写照。

今天，我们来了，
跨越时空，
用信心和行动，
认识地球，
保护地球，
和谐发展，
和您共圆一个地球梦！

（作者系北京外国语大学附属小学教师）

志愿之声

与志愿者一路同行

徐　萌

从世界范围看，志愿工作已有近百年的历史，现在它已经发展成具有多种服务功能的社会团体。博物馆的志愿者就是其中重要的一支。博物馆志愿者最早兴起于20世纪50年代的欧洲，我国的博物馆志愿者工作，最早是在原中国历史博物馆开展的。近年来，博物馆事业蓬勃发展，志愿者已成为博物馆服务的不可或缺的重要力量，他们犹如一滴滴水珠，折射着城市的文明程度；他们还用自己的付出，搭起一座座桥梁，联系着博物馆和每一位参观的观众。

郭沫若纪念馆多年来一直开展志愿者服务，但在实际的工作中也会遇到很多问题。因为志愿者都是自愿参与，不计任何报酬，所以志愿者群体相对比较松散。志愿者往往在工作之初工作热情高涨，但是工作一段时间后，因为工作比较辛苦，加之为公众付出的热心和社会责任感很难持之以恒，所以志愿者服务常常半途而废。2017年，总结了以往志愿者服务出现的问题情况，郭沫若纪念馆同北京市第一五六中学、北京市第三十九中学校方合作，让学校挑选品学兼优、吃苦耐劳的学生，首先由学校把关，保证了志愿者的服务质量。

我曾经看过白岩松写志愿服务的文章："志愿服务首先是对自我的一种提升，请问谁是志愿服务的最大获益者？其实最大的获益者是自我，通过帮助天下而让自己走进天下。"我也时常在想，志愿者服务源于奉献精神，但是怎样让志愿者在志愿服务中得到提升？志愿者既是博物馆的观众，又是博物馆的工作人员，怎样才能做到志愿者同博物馆双赢？作为博物馆方，又应该为志愿者提供些什么，让他们在志愿服务中有所收获呢？

带着这些思考，我们开始筹备与两校合作的暑期志愿服务，这次的志愿者服务主要是志愿讲解，志愿服务为期一周。在开始志愿服务的前两周，我们把馆里的讲解词发给每位志愿者，让他们熟悉纪念馆，熟悉郭沫若。在志愿服务前一周，我们还安排了一次关于郭老的讲座，由我馆研究员张勇老师给同学们带来“从这里走进郭沫若纪念馆”主题讲座，给同学们详细介绍了郭老，让同学们对郭老有更加全面的认识。

志愿服务第一天，小志愿者们在学校老师的带领下早早来到纪念馆。7 月的北京闷热潮湿，但同学们都穿着校服，整齐划一。我带领同学们一一介绍了展厅和庭院，让孩子们消除陌生感。还安排志愿者们把随身物品放在纪念馆会议室，让志愿者们可以在会议室短暂休息，为他们提供一个舒适的工作环境。我们给志愿者分配了任务，展厅的老师们也对志愿者的讲解给予了指导，大家开始尝试脱稿讲解。

那天一上午都阴云密布，天气预报下午将有大雨。为了孩子们的安全，馆里通知下午可以选择提前回家，在家练习，但志愿小组的同学们不约而同地选择了留在纪念馆继续练习。同学们的努力没有白费，在来馆的第二天就可以完全脱稿讲解，有几个志愿者已经开始带观众讲解了。纪念馆是个中式四合院，夏天蚊子特别多，虽然给志愿者准备了驱蚊水，但“小鲜肉”们还是被蚊子叮起一个个大红包，可这些十六七岁的孩子一点也不娇气，抹上点风油精，在展厅继续工作。

在几天的时间里，小志愿者们表现得游刃有余。在志愿服务的最后一天，馆里交给他们一个“终极任务”，接待了一个 40 余人的学生团体。志愿者们跟学生团体岁数差不多，所以当听到来自同龄人的精彩讲解时，观众们都报以热烈的掌声。小志愿者们都很激动，是啊，掌声就是对这些志愿者们几天志愿服务最好的肯定与感谢。

一周的志愿服务即将结束了，纪念馆还为志愿者们提供了一个抒发感想的平台，向志愿者们征稿，文章将发表在 2018 年的论文集中。开学后我们收到学校老师的反馈，同学们纷纷表示，还要利用课余时间来到纪念馆进行志愿服务。两个学校也表示，未来将和纪念馆继续开展学生志愿服务。

第一五六中学带队的齐老师还告诉我一个小故事。他们的一个志愿者小姑娘性格很内向，在纪念馆志愿讲解一周后，活泼开朗多了。开学后她自己在班里做总结时说，一开始做志愿者特别害怕，自己讲得不好，观众不爱听就走了。观众一走她就想哭。后来展厅的老师一直在鼓励她。一句词一句词地教，特别耐心，让她慢慢来不着急。孩子说从小到大除了妈妈，很少有人这么关注她。所以慢慢地，她也敢大声讲解了。虽然她和别的孩子还有差距，但是已经有了明显的进步。这学期开学后，她在班里也交了新朋友，开始主动参加学校活动了。很感谢纪念馆，在孩子成长的时候帮了一把……

听到这些反馈，我心里真是暖暖的。博物馆工作需要志愿者们无私奉献，也希望我们博物馆人在实践工作中不断探索，努力创新，提供给志愿者们更广阔的平台，让他们在志愿服务中取得更大的收获。任重道远，祝愿博物馆与志愿者一路同行，一起携手共赢，让志愿者成为博物馆里最亮丽的一条风景线。

（作者系郭沫若纪念馆助理馆员）

海棠花下感恩与李大钊故居的相遇

吴洪艳

2016 年 11 月，那是我以志愿讲解员的身份第一次踏进李大钊故居。首先映入眼帘的是李大钊故居的门檐，笔走龙蛇的几个大字，彰显了故居的别具一格。然后我看到了热心的保安叔叔，他们兢兢业业地守在自己的岗位上，为李大钊故居带来一片安宁。之后我便见到了负责故居事务的老师们，她们热心而体贴，在我们签到的时候，会关心地问我们一些情况；在我们讲解的时候会细心指导，并提出我们的不足让我们改正（图一）。

李大钊故居是倒座的三合院，北房的堂屋大方得体，东西耳房小巧别致，东西厢房宽敞明亮，每一张桌子、每一把椅子都透着古朴的气息，显示着故居主人简朴勤俭的品格。院子里那两株海棠，我从严冬盼到了暖春，终于看到了它的花开，可惜出于修剪的原因，只有零星几朵小花了，不过也无妨，我终于见到了李大钊先生曾经看到的海棠花开。

李大钊先生毕生为共产主义事业而奋斗，为马克思主义在中国传播以及中国共产党的成立做出了突出的贡献。李大钊故居内部大部分是先生的家庭生活展示，也专门设置了展厅，从革命贡献的角度介绍李大钊生平。在家里，李大钊先生既是一位慈父，又是一位严父。他在家时常常带着孩子们玩游戏，和孩子们唱歌，展现出作为父亲亲和的一面；同时，李大钊又严格要求孩子们要多读书，多锻炼，培养优良品德，这从

图一　本文作者在李大钊故居讲解

他给大女儿星华写《强身健体歌》以及他让大儿子葆华阅读《呐喊》可以看出。在革命中，他是一名敢于开拓的勇士。日本留学中途归来，先生致力于革命事业。他坚信共产主义的发展前景是远大的，所以毅然决然地传播马克思主义，参加罢工运动，最终“南陈北李，相约建党”，做出了历史性的贡献。

这样一个伟大的人物，我以前只在书上了解过，没有想到有一天我能站在他的家里，并向别人展示他的故居。对我而言，这真是非常大的惊喜，感谢李大钊故居给我们这样一个机会，让我们走近李大钊先生，感受革命情怀。

在李大钊故居里讲解了近一年，我也有很多收获。面对来来往往的游客，我渐渐学会了如何与陌生人打交道；每一次的现场讲解，我也学会了讲解中的礼仪和小窍门。有的时候，与其说是讲解，还不如说是在与游客进行交流，了解他们所知道的李大钊先生是什么样子的。我常常思考，面向不同年龄段的人群，该如何讲解才能引起他们的兴趣；而带着这样一个问题去讲解，我的讲解也变得越来越生动。例如给孩子讲解的时候，我会侧重一些李大钊生活中的点点滴滴，多讲一些大钊先生与他孩子们的趣事。

在故居里讲解的志愿者不只是北京师范大学一个学校，其他学校的志愿者也会过来。每次在故居遇到其他学校讲解员的时候，我们会与他们交流一些讲解的经历和心得，互相借鉴和学习。但是作为北京师范大学白鸽青协的讲解员，我们会暗暗与他们较量：我们要更加热情，讲解得更加精彩！事实上我们也做到了，故居老师有时候会对我们提出表扬，这是对我们工作的充分认可，我们不会沾沾自喜，而会继续努力，提升我们的讲解服务质量。

最让人的感动是故居老师们对我们的人文关怀，不仅表现在提供讲解培训和考核上，更多的是平日里的一些暖心举动。比如在故居人少的时候，会让我们尽早回校，避开高峰期，不会堵车。故居每年会举办一些内容丰富多彩的活动，在“五四青年节”时，就举办了纪念李大钊先生的作品征集活动，志愿者们积极参与，馆里给大家发放了纪念品和小礼物。在这之后，故居还给志愿者们赠送了描述李大钊先生生平的书籍，我们心里真是暖暖的！

看过那么多的海棠花开，终究还是李大钊故居的海棠最美。这一年来的讲解经历，让我的大学生活更加丰富多彩，我的志愿服务之路也将从此启程。志愿讲解是一种坚持，也是一种信仰，我会坚持做下去，而且努力做得更好。尽管沧海桑田有时尽，但李大钊先生的精神将会永存，故居也会在博物馆老师和志愿者们的守护下长存。我在李大钊故居，等待来年海棠花开。

（作者系北京师范大学经济与工商管理学院学生）

一起长大
——在梅兰芳纪念馆志愿讲解有感

张艺萌

在北京市西城区的东北部，坐落着一条有着近800年历史的东西走向的街道——护国寺街。2017年秋天的一个周日，我第一次来到这里。

街口悬挂着一块巨大的牌匾，蓝底金字，竖排写着“护国寺街”，它迎着早晨九点的阳光，迎来送往来自五湖四海川流不息的游客。当我从它狭长而沧桑的“灵魂”中穿堂而过、直到街的尽头时，一座坐北朝南、小巧精致的四合院正敞开着它的怀抱迎接我们，这座院子便是梅兰芳先生的故居。

这是一座两进的院落，相传它的前身为清末庆亲王奕劻的马厩，占地面积仅700余平方米，在北京这个遍布名人故居的历史文化名城中，显得内敛低调。迈进大门，一眼望进去，梅兰芳的半身雕像在翠竹掩映下温厚和蔼地笑着。这个笑容使人相信，他本人就是平和而谦逊的，却又不失作为一位艺术家所该具有的磅礴的自信。如果“德艺双馨”可以外化为面容，那么必定就是梅兰芳先生的样子，只是这第一眼，便足以让人肃然起敬。

前院里有一屋是倒座房，背光，干燥，阴凉，理所当然地被梅兰芳用来保存服饰、妆面等戏曲道具。20世纪80年代这里被辟为纪念馆后，这间屋子被用于梅兰芳生平展。这个展厅展示了大量的历史照片，配以翔实的文字记述，再现了梅兰芳先生的一生。即便只是那一段历史的讲述，也有着震撼人心的力量。

都知道“要想人前显贵，必得人后受罪”，但梅兰芳的学戏之路比我们想象中还要艰辛。家道中落，资质欠缺，甚至遭到老师的拒绝，这些都没能动摇他唱好京剧的决心。天生近视，他就紧盯着飞来飞去的鸽子，使自己的眼睛有神；记忆唱词不够快，他就反复练习，勤能补拙；唱功不够扎实，他就博闻强识、集众家之长……凭着这种敢于向一切困难发起挑战的精神，梅兰芳把祖师爷没赏的那碗饭争取到自己手中，从小小的配角唱到大戏的主角，推翻了之前的种种不可能。与梅兰芳相比，上天给予我们的已经足够多，我们却远不及他坚定勇敢。我看着梅先生的照片，从身段到表情都诠释着什么叫专业严谨，什么叫精益求精。我不禁审问自己：当我沮丧地认为自己天生不是能有所成的那块料时，我是否真的热爱过、争取过、尽力过？梅先生的经历带给我沉思，值得我终生追问，终生反省。

抛开艺术家的身份，作为一个中国人，梅兰芳先生同样值得我们尊敬。在五四运动的特殊时期，他保持冷静和清醒，扛住重重压力，完成在日本的演出，不负弘扬中华文化的使命。面对日本侵略者的示好、诱惑时，他蓄起胡须，刻意生病，坚决不给日本人唱戏，保住了民族气节。新中国成立后，他不搞特殊，没有以周总理为入党介绍人，而是坚持和普通人民群众一样。对于早已名望在外、受人敬重的梅兰芳，他本不必如此严格要求自己，但他在这样做。梅先生从不随波逐流，因为他始终把国家置于比自己更高的位置上，把自己中国人的身份看得比什么都重。

出于对梅兰芳先生的无限敬重和对京剧艺术的一腔热爱，我决心以一名志愿者的身份，把梅兰芳的故事讲给更多的人听：讲给充满好奇心、性格正在养成的孩子，讲给已经阔别课堂多年但依然需要新鲜知识的中年人，讲给喜欢听戏、怀念过去的老人家。让梅先生的高尚品格感染每一个来到这里的人，这是我的初衷，也是我的动力，更是我的使命。

但志愿工作也不是仅仅有决心就能做好的，想法必须要落实在行动中。准确无误地了解客观事实是讲解工作的第一步，然后还需要熟悉纪念馆内的展板、展品，并与讲解词内容一一对应，最后才能走上志愿讲解的岗位。这个过程给予了我前所未有的体验。

记得我正式开始第一次讲解工作，是 2017 年 10 月 29 日的上午，同去的还有一位也是第一次去讲解的大一同学和一位大三的志愿讲解员。虽然在此之前，我已经无数次温习过讲稿内容，也一次次看了在梅兰芳纪念馆培训时录制的视频以熟悉环境，但真的挂上工作证、站在展厅的前言部分的那一刻，我的内心还是充满了不确定：我可以胜任这份工作吗？我会不会有什么记错的内容？等会儿大脑一片空白该怎么办？如果被不停追问我所不知道的问题该怎么办？在困惑与不安中，我们迎来了早晨的第一位游客。师姐对局促紧张的我们投以一个安慰的微笑，之后镇定地走向那位游客："您好，请问需要志愿讲解吗？""不需要，谢谢。"他甚至没有展现一个抱歉的微笑。那一刻，我的脑子里"嗡"的一声，一瞬间闪过了自己也遭到这样的冷遇的情景，一阵洪水一般的难过涌上心头。我小心翼翼地问师姐："我们经常会被拒绝吗？"与此同时，心里其实在期待一个否定的答案。师姐大度地笑了笑："是啊，其实更多的人都是不需要的，慢慢习惯就好了。做志愿者就是这样，既要志愿地服务别人，也要能志愿地接受别人不需要我们服务的事实，尊重被服务者的选择，心中不存有不甘和怨怼，这才是真正的志愿。之后你还会遇到不能安静听讲解的小朋友，会遇到有人刁钻的问题，但那都是你选择这份工作时就注定要面对的，所以我们也要时刻提醒自己，拒绝与质疑也是游客的权利。"我惊诧于师姐的冷静，就像那些冷遇并不是发生在她身上的一样，后来我渐渐明白，平静和坦然的背后，是一种彻底的不计得失，这是我志愿生涯中的重要一课，我应当以此为榜样。

令人安慰的是，虽然会被拒绝，但依然会被人需要。在一位游客的欣然同意后，我终于开始了第一次讲解。值得庆幸的是，这次讲解还算顺利，尽管有一点小小的紧张，但我所担心的事情都没有发生，还算是圆满完成了完整的讲解。带领游客参观完毕，我以一句话结束讲解："今天是我第一次来讲解，如果有什么不周到的地方还请见谅！"没想到游客说："没有，你讲得很棒，我们都要谢谢你！"那种被人需要、被人信任、被人感谢的幸福感和满足感，绝非语言所能形容。此时，我和游客们的关系也不仅仅是服务者与被服务者之间的关系，我们互相给予对方愉悦感、充实感，让一次普通的游览充满各种可能，给一场平常的讲解带来惊喜，这何尝不是一种彼此关爱、互相成全、共同成长。

我印象最深的一次讲解，是刚好碰到了中国戏曲学院两个班的学生60余人前来参观学习。作为专业学生，他们对戏曲艺术家的相关知识有着更大的需求，因此，从他们走进梅兰芳纪念馆开始，他们的带队老师就对我和同伴的讲解展现出前所未有的需要和信任。老师和我热情地握手，帮助我努力地维持着游览秩序，让我真真切切地感受到，自己之于陌生人可能蕴含着自己都不曾预料到的价值，我小小的、微不足道的努力，可能给别人带来雪中送炭般的帮助。我记得那个早晨，我在没有戴扬声器的情况下，拼命地调动起自己的一切知识储备，满怀激情地讲解了近一个小时，无论是从细致程度还是从讲解时长上，这都是我个人的一项纪录。当讲解结束，我帮他们一行人合影时，看着镜头中他们的笑脸，心中的满足和庆幸紧紧拥抱着我疲惫的身体，温暖和感动缓缓滋润了我干燥的喉咙。人与人之间联系的力量如此强大，纵使我们萍水相逢一场后还是要走各自的人生路，纵使他们只是众多游客中的一小部分，这短短的交集也令人感慨万千。我内心期盼着，他们也能够庆幸遇上我，正如我十分感激能遇到他们。

秋天的风吹熟里院的柿子，吹落树上的枯叶，终于吹来冬天，而我在这里已经走过了两个月。短短两个月的志愿生涯中，我在这里学习历史，也在这里见识众生。并不算很长的时日，已足以让我安安心心在这里当一个讲故事的人。写到此处，我再也抑制不住自己的渴望，渴望着年复一年，我都能在这里陪着那两棵已有百年历史的椿树和楸树，走过无数春秋，生根发芽，一起长大。

（作者系北京师范大学哲学学院学生）

在郭沫若纪念馆中的自我蜕变

李　茜

当这个世界罩上名为“新”字的面纱，当林立的高楼伴随呼啸而过的汽车，当钢筋水泥织成现代化城市的网，这里却是宁静又安详的，与周围的喧嚣形成鲜明对比。

什刹海前海西街 18 号曾先后做过蒙古驻华大使馆和宋庆龄寓所。1963 年郭沫若搬入，并且在这里居住了十几年。

像传统的二进四合院一样，一进门就能看到精心打理的庭院。往前走有座精致的垂花门，里面就是一个方方正正的小院了。这里是郭沫若办公和休息的地方，后面则是夫人和子女生活的房间。

庭院内的景物并不像普通四合院一样传统，而是很鲜活的。一进大门，你就可以看见一个养殖睡莲的石洗，石洗的花纹生动活泼，被鲜艳的花围了一圈。偶尔有几只蝴蝶停在上面，使空气都灵动起来。再看墙边草地上蹲坐着的石狮子，它们本应立在门口，象征吉祥，显示力量，现在却可以在草地上与幼狮嬉戏，这也是主人的巧思。垂花门下两口古铜钟左右相对，一个是明天顺元年（1457）的，另一个是清乾隆二年（1737）的，他们都是郭沫若生前的收藏，也让古老的庭院多了几分古朴几分新气。郭老如此不拘一格，跟他一生的经历是分不开的。

我第一次踏进郭沫若纪念馆的大门时，其实是有些失落的。因为在我的印象里，一代伟人居住的都应该是豪宅，高门大院，门口有金碧辉煌的大门，庭院栽种高大茂盛的名树和奇珍异草，甚至陈设都是明清时期留下的瑰宝。

可是，这里就是普普通通的模样，平凡但是自然。我脚下的地砖有些还伴着青苔，看上去已经有些年月了。中间的假山石长满树木，有一条细细的台阶蜿蜒到顶，曲径通幽。四周栽种了茂盛的花草，院里还有银杏树——这是郭老的最爱。几间小屋子由细长的走廊连接，整体呈灰蓝的砖色。

我们讲解正好赶上雨天。街面上的雨下得热闹，这里却是淅淅沥沥的，因为高大茂盛的树大为主人遮风避雨。雨停后，阳光照进来，一股泥土的芳香扑鼻而来，花草树木植被都被洗得干干净净，展现出本身的颜色。伴着屋顶滑落的雨滴，我突然有种说不出的亲切感。

一代伟人亦是普通人，也有他们的喜怒哀乐。面对嘈杂纷乱的外界，转过头后迎接他的，是家的清净舒适，而不是豪宅的浮躁。

在我讲解的第三展厅中，展出了郭沫若晚年的事迹及他一生的作品总结。老师的示范看似很简单，轮到我自己讲解时，开口却是那么困难。

我和妹妹是双胞胎。外人看来，我是姐姐，应该胆子更大，保护妹妹。可实际上，妹妹远比我开朗，在人前，我一直是那个胆小、怯懦，甚至不敢开口与人说话的人。

去年寒假，妹妹跟着老师学做讲解员。我去探班时，看到妹妹站在大家面前侃侃而谈，她的眼中绽放着自信的光芒。那天老师说，她能分清我和妹妹的不同了，因为妹妹变得更加开朗大方，而我……依然还是那个样子。

所以这次，我下定决心要改变自己！我希望能成为一名合格的讲解员，我想让大家听到我的声音！一起培训时，大家都很热情。我很羡慕同伴能快速进入状态，也逼着自己走出怯懦的圈子。

最开始，胆小的我只会机械地从口中挤出生硬的稿子，磕磕绊绊，一点儿也不吸引人。看到周围的“听众”很快向四面散开，甚至眼神转移到别处时，我的内心是那么颤抖和无奈。看着妹妹游刃有余地开展讲解工作，我却还是这么没用，真的很想大哭一场。但是不行，下一波“听众”已经来了，我必须调整好心情，继续努力讲好自己的部分。而且，我渐渐体会到，改变自己也许并没有那么困难。这座宁静的小院儿，似乎在默默为我注入力量。

当我一次次地绕过园中的蛇豆架，当我一遍遍地看着照片及下面的解释，当我一趟趟地做着讲解的时候，我渐渐熟悉了这里（图一）。

图一　本文作者在郭沫若纪念馆讲解

这些从我口中说出的事迹都是郭老亲身经历的；那些数目众多的让我张口结舌的作品，都是郭老亲手写的。当他花费一生时间来完成这些的时候，会有多少的辛酸和血汗藏在里面？而我的任务只是将它们记下来，讲出来而已。

我鼓起勇气站在第三展厅门前的墙下，说出我那熟悉的不能再熟悉的事，当我全身心放松下来，观众一下子聚到了我面前，在家人朋友惊讶的目光中，我骄傲地讲着郭老的生平事迹，像在介绍自己的亲人那般熟悉。

记得每当走到最后一间屋子，我就会说出这样的结束语：“今天，我带领大家感受到了郭沫若追求理想、以身报国、与时代同呼吸共命运的 86 年风雨人生。最后，我要以郭老一句平静而有力的话作为结语：‘我要以松柏的态度刻画出自己的人生，成为合抱的大木给天下的劳人以一片青荫。即使中途遭遇电击或者枯死，我也会用自己的残骸给天下的贫苦人一把取暖的柴’。”是呀，郭老毕生留下的，是属于全国人民的精神财富和文化遗产。

当我离开这座小院时，心里真的很不舍。这里的环境是那么舒适平和，仿佛隔绝了外界的喧闹，让人能够静心思考；这里的草木生灵是那么鲜活，好像主人还在家一样，展现着旺盛的生命力；这里的老师是那么亲切和蔼，见面会对我们微笑，平时会关切的询问我们热不热、渴不渴。纪念馆院子不大，老师们自己工作的房间都很狭窄，却特意把环境最好的会议室开放给我们休息……如果可以，我希望还能有机会再来这里，依然是做志愿者，依然为大家讲述郭沫若的故事。

（作者系北京市第一五六中学学生）

我在郭沫若纪念馆做讲解员的点点滴滴

魏子文

2017 年的夏天一如往常的闷热而潮湿，我却没有像往常一样蜗居家中躲避高温和雨水，而是利用高中的最后一个暑假参加学校组织的志愿讲解活动，和另外 6 名同学一起加入了郭沫若故居的志愿讲解团队。在 4 天的时间内，我们从只能简单地背诵讲稿到对游客的问题对答如流，从没有讲解经验的“菜鸟”蜕变成一个真正具备讲解员资质的志愿者。在这宝贵的 4 天中，我不仅收获了知识，在反复练习中矫正了仪态，更在分组合作中留下了一份美好的回忆。

早在放假前，馆里的徐老师就送来了讲解词。为了更好地为游客讲解，我们需要在活动开始前将稿子完全背下来。除过个人的不断默背之外，老师还会定期进行视频检查，从而对我们的熟练度、语气、表情等提出建议。经过两轮检查之后，我自认为万无一失，于是对那一天的到来就更加期待，迫不及待地想在大家面前表现一下。

2017 年 7 月 25 日，我们来到了郭沫若故居，志愿活动就此开始。虽然故居距家只有不到十分钟的路程，可我还从来没有踏足过这座位于什刹海、被来往的人流和纷杂的声音完全淹没的小院。

迈进那扇朱红大门，我便仿佛置身于另一个世界。小院中郁郁葱葱，自成一片天地。放眼望去，深深浅浅的绿色仿佛是一幅油画；低头看脚下，一黄一白两只小猫正在追逐打闹。因为尚未到游客最多的时间，院子里除了同学的感叹和老师们的交谈，就只有虫鸣鸟语，此景美不胜收。

我们跟着老师来到办公室，便开始了第一天的日程：从第一展厅一直到最后一个展厅，完全脱稿讲解，作为我们的第三次考核。这时我才深刻地体会到，做一个合格的讲解员没有想象中那么容易。站在展厅的灯光下，准备好的解说词因为突然怯场不知道去了哪里；从一个展品到下一个展品的转场词，也生涩得像个没熟透的柿子；站立的姿态更是让老师一开始就指出了不足。刚讲完展厅的一个角落，我就瘫在了凳子上，脸颊火烫，脑子发懵，唯有一颗心是不甘的——既然报了名，我就要把讲解员这份工作做好。

第一天还未正式上任就碰了一鼻子灰，虽然事先已做好心理准备，我依然受到了小小的打击。于是在第二天的练习中，我愈发注意每一处细节，在熟悉讲解词的基础上，着重于练出属于自己的讲解风格。

那天上午阴云遮日，阵雨绵绵，下午天气又将如何谁也不敢断言。尽管接到了“下午可以选择练习或者提前回家以防被大雨浇在路上”的通知，志愿小组的 7 个人却不约而同地选择了留在纪念馆继续练习。因为当时一心想着将讲解稿啃下来，我想都没想就答应留下。幸运的是，午后细雨渐停，天气转好，我们走出展馆，从庭院开始交接练习。现在想想，若是下午风雨大作，我也许会真的后悔留下。但后悔归后悔，若是真的大雨倾盆，在雨声中练习讲解也不失为一种新奇的经历。

到了第二天下午，我们已经基本有了属于自己的讲解风格，或生动活泼，或娓娓道来，倾听同伴的讲解也仿佛是一种享受。出于安全与方便起见，我们分成两组活动。正是在这个下午，传来了一个令人又惊又喜的消息——已经有一个小组成功吸引了游客，并且带领游客走完了纪念馆的整条路线。从此，“带全场”又成了每个人心中一个心照不宣的目标。

图一　本文作者在郭沫若纪念馆讲解

时光飞逝，站满一天后双腿的酸胀还没完全缓解，第三天的讲解任务又开始了。也就是在这一天，老师开始了对我们的全面“放生”，从接待游客到讲解全程，一切都由自己完成。

我在小组内负责第一展厅（图一），在庭院处讲解的同学可以直接将游人领到展馆内由我开始讲解。而对于负责庭院部分的同学来说，要面临一个不小的挑战——怎样才能点燃游客的好奇心，让他们有兴趣跟随讲解员走完庭院，到达垂花门后的展厅？一番权衡之后，我们决定在为于立群女士而栽种的“妈妈树”下开始讲解，其他同学围在讲解的同学身边，借此吸引刚进入纪念馆的游客，由此开始正式接待游人。

回想起来，第三天恐怕是我们最充实也是最累的一天了。从上午开始，逐渐有游客在讲解的同学前面驻足、倾听，并且跟着他走向下一个展厅。我也终于明白为什么老师要求我们随机应变，因为游客们提出的问题真是五花八门。

和父母同来的小孩子，往往会指着展板上的文字介绍问字音；和我年纪相仿的青年人，会详细询问原状展厅中郭老的生活细节；中年与老年人则更倾向于同我们探讨新中国成立之后郭沫若所做的贡献与他身后留下的一些争议，有些更触及当时的政治情况。面对这些问题，有些我尚能回答，有些就只能报以尴尬而不失礼貌的一笑，坦率地说："我也不清楚。"

给我印象最深的是一位老先生在参观于立群女士的住处"妈妈屋"时，对展板上一处文字介绍的年份直接提出质疑，幸亏馆内的老师在场解围，表示会去查证，不然我们真是不知如何回答。这也让我认识到自己的知识浅薄。做志愿讲解员，仅有热情还远远不够。除了讲解词上已有的知识，我自己还要去多查一些资料，充实自己，才能更胜任这个工作。

一天转下来，每个人都是口干舌燥、脚步疲累，到休息时间就直奔会议室，坐成一圈"葛优瘫"。幸好纪念馆的吉祥物——三只活泼可爱的猫咪能够拯救我们，让我们满血复活！讲解员的工作看似光鲜，实则要付出巨大的努力，只有四天任期的我们尚且如此，常年在纪念馆内工作的老师，怕是连加三个"更"字都不为过。

第四天的时光很快就过去，已经有几位讲解员尝试着带下了全场，其余的同伴也都在讲解过程中显得游刃有余，一扫前三天的紧张与胆怯，我们像是为客人介绍自己的家宅一般，讲述着这座两进四合院中的故事。不少同学和老师选择在这一天前来探班，感受我们几天来的成长和进步。这一天下午，我们还"临危受命"，接待了一个 40 余人的游学团体。当最后一句讲解词说出口，随之响起的掌声令人不由得眼眶发热。对于一个讲解员来说，掌声就是最好的肯定与感谢。

从某种程度上说，讲解员应该既是一位口才良好的演说家，又是一位知识渊博的专家，更应该是一位造诣深厚的艺术家。在这短短的 4 天中，我们徜徉在古色古香的四合院，为来自各地的游人进行讲解，这不仅是一次对意志的考验，也是提高应变能力的好机会。四天中反复说到的讲解稿，已经深深刻在我的脑海中，成为汇入知识汪洋中的一条溪流，满眼的郁郁葱葱，满耳的蝉鸣鸟语，满心的愉快满足；更成为一段难忘的人生体验，永远陈列在记忆的宫殿之中。

（作者系北京市第一五六中学学生）

有一个地方只有我们知道

——我在丹柿小院播下一粒种子

卢松啸

“转眼间，短暂的实习生活已经结束，太多的记忆如影片一般在脑海里回放。初到老舍纪念馆参与志愿讲解时，我们几名志愿者心怀忐忑，担心自己的知识储备不够，担心自己不够大方得体，担心讲解过程中会出现错误。大家慢慢地开始去尝试，从微笑着道一声‘您好’开始……”翻看着过去的日记本，我不禁莞尔一笑，原来有那么一个地方，见证了我们青涩而又烂漫的青春时光。

从 2013 年第一次参与志愿服务，在老舍纪念馆进行义务讲解，到 2014 年第一次踏上行走之旅，有幸进入暂不对外开放的济南老舍故居；从 2015 年第一次进行公开演讲，介绍老舍纪念馆时侃侃而谈，到 2016 年第一次发表入职演说，借一段“博物馆奇妙之旅”讲述我在老舍纪念馆首次“触电”，而后与博物馆结下的不解之缘。仿佛我与老舍之间，有着说不完的故事。

2013 年 7 月是我大学生涯的第一个暑假，我与七八个朋友一起，带着满腔的热情，走进老舍纪念馆。从微博策划、插画设计，再到义务讲解，仿佛只要是纪念馆老师交给的任务，我们都能很好地完成。而那背后的汗水，那无数次的讨论，那数不清的手稿，通通被收藏在那年暑假的记忆里。

打开记忆的“扉页”，那时候尽管我们很害羞，但是在面对观众时，却也会主动上前说：“您好，我是老舍纪念馆的志愿者，请问您需要义务讲解么?”这时大部分人会请我们带他们转转丹柿小院，给他们讲讲展品背后的故事。当然也会有人质疑，挥手示意我们离开，带着茫然与不解，我们呆呆地站在原地，等待下一位观众的到来。那时候，我们总是会争着给观众讲解，每多讲一次，心中就会多一份骄傲。那时候，最令我开心的事情就是接触到了各色各样的人。有的知识丰富，他使你开阔视野；有的善于提问，他使你反思自己的不足；有的是老舍生前的朋友，他使你更加了解真实的老舍先生。在与不同人的交流过程中，我看到他们的优点，便加以学习，来完善我自己；看到他们的不足，便进行自我反思。一次次的讲解使我们知道，在一个团队里，只有你用心去关注、去配合每一个人，才能展现出更强大的力量。虽然这是第一次参与志愿服务，却在我心中播下一粒种子。

结束老舍纪念馆的义务服务后，我或组织或参与了近百次志愿活动。慢慢地，我发现在各种志愿活动里，赛会服务可谓一呼百应；但是对于文化教育类志愿服务，参与的人却是少之又少；对于残疾人、孤寡老人这些真正需要帮助的人群，伸出援手的更是寥寥无几。我渴望改变这样的状况，却一直无从入手。渐渐地，我陷入了困惑，于是我踏上了行走之旅，希望在旅途中借助参与志愿活动，结识各地的志愿者，与大家一起寻找答案。

2014 年是我人生中第一次踏上行走之旅。我来到济南，在地图上发现了一个熟悉的地方——老舍故居，于是不顾寒风凛凛，一定要拉着朋友去故居看看。顶着大风，我们走了好久，才找到故居大门，恰巧碰上故居修缮，暂缓对外开放。我不想失望而归，便拉着朋友走上前去问道：“您好，我们是历史学专业的学生，在北京老舍纪念馆做过志愿者，想要在这里再做一些学习研究。”不曾想，就是这样一句话，我们竟然有幸踩着铺满报纸的地砖进入故居，当时我们的骄傲和喜悦之情溢于言表。那时我也仿佛明白了，只要你乐于奉献，在日后的生活里，就会有不一样的收获。

一直困扰着我的问题，似乎在一次次的旅行与学习中得到了解决。其实，大型赛会服务只是一个载体，我们真正要做的是让志愿回归身边。为此，我又联系了老舍纪念馆的老师，想要回到我志愿之旅开始的地方，继续做一名义务讲解员。就在此时，我发现，一年前心中播下的那粒种子开始萌芽了。

在丹柿小院的日子，无论是对我价值观的养成还是就业选择，都有着很重要的影响。2016 年是我大学毕业、迎来崭新人生的一年，我如愿成为了一名文博工作者。如今我已毕业一年有余，依旧渴望回到丹柿小院，继续做义务讲解。我很喜欢这个小院子，正是在这旦开启了我的志愿人生，它为我种下了一颗志愿之心，使我愿意在今后的人生中，用知识与志愿，用爱与真诚贡献自己的青春力量！

（作者系北京自来水博物馆工作人员）

我与“时代小先生”共成长

张奕朗

在我的脑海中，常常浮现出这样一个场景：那天阳光明媚，一辆专车缓缓地驶入宋庆龄故居，一位金色短发、慈祥可亲的“老奶奶”走了下来，英姿飒爽的护卫还有一行人紧紧跟在她的身后。我和身边的同伴微笑着迎了上去，举起手里的鲜花，用流利的英语对她说：“Welcome to the former residence of Soong Ching Ling, the honorary president of the People's Republic of China!”她微笑着冲我点点头，并和我们亲切握手。

这是我与德国总理默克尔的一次亲切而难忘的会面。活动结束后，很多人既羡慕又好奇，常常向我提出这样的问题：“你是怎么得到这么好的机会的?”

这要从四年前的一次偶然的参观说起。那是一个偶然的机会，为了完成学校布置的“参观博物馆”的暑假作业，我来到了北京宋庆龄故居。说不清为什么，我一下子就喜欢上了这个既安宁又厚重的地方。在这里，我还遇到了一群跟我年龄差不多大的小学生，他们正在热情、礼貌地为游客做志愿讲解，而且，他们还有一个很响亮的名字，叫作“时代小先生”。我很羡慕他们，于是也迫不及待地提出申请，经过认真的准备，终于通过考核，我也成了宋庆龄故居的一名“时代小先生”。

从那个时候开始，我就开启了每周一次去宋庆龄故居做志愿讲解的经历。故居的老师都非常友善、宽厚，故居的活动丰富而有趣。在老师的指导下，在参加故居活动和开展志愿服务的过程中，我体会到，努力付出、为别人服务是一件美好的事情。

2015 年 10 月，德国总理默克尔来华访问期间，将要参观宋庆龄故居。当时还是一个四年级小学生的我，并不知道是否能被选中参加接待活动。我只是精心地准备演练讲解词，经过了好几轮的培训和选拔，在活动当天，我才最终幸运地从小伙伴中脱颖而出，成为在宋庆龄故居接待默克尔总理的时代小先生。

当我们牵着默克尔总理的手游览故居，她忽然被长廊中间的一座六角攒尖亭子吸引，停下了脚步。于是我说："总理，这是园内原有的古建筑——恩波亭。清朝嘉庆四年（1799），嘉庆皇帝将这所宅院赐给他的哥哥成亲王永瑆，并破例允许成亲王府引玉河水入园。玉河水是皇宫专用水源，禁止外人使用。所以，这座皇家宫苑是清朝北京城内唯一引玉河水入园的王府花园。为此，成亲王永瑆修建了这座恩波亭，以谢皇帝的恩赐。"当我流畅地用英语向她介绍完后，她赞许地对我点了点头，我心里可高兴了。

参观结束后，默克尔总理来到摆放留言册的长桌前就座，接过故居主任递上的签字笔正要签名，我看到桌子上摆放了一排毛笔，灵机一动，大胆地向默克尔总理提议说："您还可以用毛笔在上面留言。"边说边从笔架上取下一只毛笔递给她。她看了看我，忍不住笑了出来，带着有点为难的表情幽默地回应说："可是这项技能我从小没有学习过啊！"这句话让在场所有人都开怀大笑起来。

后来，我知道了默克尔总理在故居留言簿上写道："宋庆龄是中国十分有影响力的政治家以及孙中山夫人，宋庆龄故居是中国历史上很有纪念意义的地方。"那份留言现在仍保存在宋庆龄故居，成为当代中德两国人民友谊的见证。作为这次活动的亲历者，我和德国总理默克尔在一起的照片，成为这份珍贵留言的新闻背景。

转眼间这件事已经过去两年多了，我一如既往地去宋庆龄故居参加时代小先生活动，向观众讲述宋庆龄奶奶热爱和平的故事；一如既往地参加宋庆龄故居大大小小的接待活动和国际交流活动，展现少年儿童积极向上的风采。当然，我也觉得我和以前不一样了，我做事情更加认真、努力了；我的英文表达、沟通交流以及综合能力越来越强，我变得越来越自信了。

在这期间，我也收获了很多的荣誉和鼓励。2016 年，在北京市中小学生社会大课堂学习成果展示活动中，我获得了一等奖，并被推荐为展示项目。2017 年，在“中国故事”全国博物馆优秀讲解案例展示活动中，我获得全国学生组“十佳讲解员”；我还被评为宋庆龄基金会十佳“时代小先生”称号。

今天，作为一名初一学生，同时作为一名十佳“时代小先生”，我觉得自己对“时代小先生”的理解更加深刻了，同时也觉得肩上多了一份沉甸甸的责任。作为宋奶奶倡导的一名时代小先生代表，我有责任在走向国际交流的舞台时，向世界人民展示中国少年儿童的风采。

（作者系北京市三帆中学学生）

经典案例

“中华名人展”加拿大展

一　展览主旨

北京八家名人故居纪念馆应加拿大不列颠哥伦比亚大学亚洲系、中加创新交流协会等方面的邀请，组成代表团，于 2017 年 4 月赴加拿大温哥华举办“中华名人展”。此次“中华名人展”以宋庆龄等为代表的 20 世纪中国八位重要文化名人的生平图片展为主题，通过丰富的历史资料，集中展示了他们对近现代中国文化产生过的重要影响。另外，此次展览首次展出郭沫若、老舍等文化名人的书画作品的复制品，从而全方位展示了中国近现代中国文化名人的精神内涵。

二　主办、承办单位

主办单位：加拿大不列颠哥伦比亚大学亚洲系、中加创新交流协会、北京八家名人故居纪念馆

承办单位：宋庆龄故居、李大钊纪念馆、北京鲁迅博物馆、郭沫若纪念馆、茅盾故居、老舍纪念馆、徐悲鸿纪念馆、梅兰芳纪念馆

三 展览时间

2017 年 4 月 3 日至 5 日

四 展览地点

加拿大不列颠哥伦比亚大学亚洲系

五 展览开幕式

由加拿大不列颠哥伦比亚大学亚洲系、中加创新交流协会、北京八家名人故居纪念馆联合主办的“中华名人展”，于 2017 年 4 月 3 日在加拿大不列颠哥伦比亚大学亚洲系礼堂隆重开幕（图一）。

图一 “中华名人展”开幕式现场

中华人民共和国驻温哥华总领事馆副总领事孔玮玮（图二）、温哥华市政府伊丽莎白·鲍尔（Elizaber Ball）议员（图三）、加拿大不列颠哥伦比亚大学波斯·金（Poss King）教授（图四）、北京市文物局副局长向德春（图五）、中方代表团团长——郭沫若纪念馆副馆长刘曦光（图六）分别在开幕式上致辞。

图二　中华人民共和国驻温哥华总领事馆副总领事孔玮玮致辞

图三　温哥华市政府伊丽莎白·鲍尔议员致辞

图四　加拿大不列颠哥伦比亚大学波斯・金教授致辞

图五　北京市文物局副局长向德春致辞

图六　郭沫若纪念馆副馆长刘曦光致辞

六　相关文化活动

开幕式结束后，举行了“漫谈 20 世纪中国文化名人的精神内涵及现实意义”学术研讨会。中方代表团梅兰芳纪念馆馆长刘祯研究员（图七）、中国郭沫若研究会副会长——山东师范大学魏建教授（图八）、老舍纪念馆王红英馆长（图九）、郭沫若纪念馆张勇研究员（图一〇）分别做了主题发言。加方由李盈教授、加拿大华裔作家协会执行会长梁丽芳博士和加拿大华裔作家协会会长陈浩泉先生分别发言。加拿大不列颠哥伦比亚大学王健教授主持了开幕式以及学术研讨会。

图七 梅兰芳纪念馆馆长刘祯研究员做学术发言

图八 山东师范大学魏建教授做学术发言

图九 老舍纪念馆馆长王红英做学术发言

图一〇 郭沫若纪念馆张勇研究员做学术发言

附录一：

在“中华名人展”开幕式上的致辞

（2017 年 4 月 3 日）

向德春

尊敬的女士们、先生们，大家好！

今天由加拿大不列颠哥伦比亚大学亚洲系、中加创新交流协会和中国北京八家名人故居纪念馆共同举办的“中华名人展”在这里隆重开幕了。首先，我向对这次展览给予大力支持的加拿大不列颠哥伦比亚大学亚洲系和中加创新交流协会表示衷心的感谢！对参加这次展览开幕式的各位嘉宾表示热烈的欢迎！

每一个国家、每一个民族都孕育了自己的杰出人物，他们既是各个国家和民族的巨大精神财富，也是人类文明共同拥有的精神财富。20世纪的中国经历了巨大的社会变革，在这波澜壮阔的历史长河中，涌现出了许多杰出人物，他们推进了中国历史的前进，为中华民族留下了丰富多彩的历史记忆。我们这次展览所要展现的宋庆龄、李大钊、鲁迅、郭沫若、茅盾、老舍、徐悲鸿和梅兰芳八位名人，就是这些杰出人物的代表。

“中华名人展”曾先后到新加坡、马来西亚、日本、澳大利亚、新西兰、法国、土耳其、巴基斯坦、肯尼亚等多个国家举办过巡展，借助宋庆龄等八位中华名人的生平业绩，通过图片、文字等方式，多方位、多角度地展示中国近现代文化名人的崇高精神，得到了各地朋友的广泛赞誉，它已成为北京博物馆界的一个重要文化品牌。

我们希望通过这次展览，激发加拿大不列颠哥伦比亚大学的朋友们对中国历史文化的兴趣，加深双方在文化领域的交流合作，同时也真诚邀请各位朋友到中国北京八家名人故居纪念馆参观。

预祝这次展览活动取得圆满成功！谢谢大家！

附录二：

在"中华名人展"开幕式上的致辞

（2017 年 4 月 3 日）

刘曦光

尊敬的女士们、先生们，大家上午好！

今天我们中国八家名人故居纪念馆代表团，非常高兴作为文化使者，来到享誉世界、景色宜人的加拿大不列颠哥伦比亚大学，与加拿大不列颠哥伦比亚大学亚洲系、中加创新交流协会共同举办的"中华名人展"。在此，我谨代表北京八家名人故居纪念馆对这次展览的开幕表示热烈的祝贺！对促成这次展览的加拿大不列颠哥伦比亚大学亚洲系和中加创新交流协会表示衷心的感谢！对参加这次展览开幕式的各位嘉宾表示热烈的欢迎！

中加两国有着深厚的传统友谊，两国关系总体不断向前发展，两国高层互访频繁，各领域对话合作全面推进。习近平主席与特鲁多总理会谈时曾特别指出，中加双方要深化人文交流，扩大文化、教育等领域的交流合作。我们这次共同举办"中华名人展"，也正是贯彻落实两国领导人这一指示的一个具体举措。希望通过这次活动，不断加强双方在文化领域的交流合作。

加拿大不列颠哥伦比亚大学是世界著名的公立综合研究型大学，历史悠久，大师云集，在教学和科研方面都享有良好的国际声誉。我们坚信，能在这样一所久负盛名的大学举办展览，一定能够取得很好的效果。

我们希望借这次出访机会，在向加拿大人民介绍中华名人的同时，多多学习加拿大的历史、文化和杰出人物等知识，加深对加拿大的了解，增进与加拿大人民的友谊，努力为两国的文化交流、人民交往多做贡献。

预祝此次展览取得圆满成功！

“与新时代同行——‘8+’文化名人展”主题活动

红线女艺术中心整理

一　活动目的

文运同国运相牵，文脉与国脉相连，习总书记在党的十九大报告中强调：“深入挖掘中华优秀传统文化蕴含的思想观念、人文精神、道德规范，结合时代要求继承创新，让中华文化展现出永久魅力和时代风采。”为了更好地肩负历史使命，回答时代课题，由“8+”文化名人故居纪念馆联盟发起，红线女艺术中心承办了“与新时代同行——‘8+’文化名人展”主题活动。该活动进一步加强了文化交流，让历史说话，让文物说话，使中华优秀传统文化不断发扬光大。

二　组织架构

主办：北京市文物局
　　　北京博物馆学会
　　　中共北京市西城区委宣传部
　　　广州市文化广电新闻出版局
承办：“8+”名人故居纪念馆

红线女艺术中心

参会单位：

宋庆龄故居、李大钊故居、北京鲁迅博物馆、郭沫若纪念馆、茅盾故居、老舍纪念馆、徐悲鸿纪念馆、梅兰芳纪念馆、李四光纪念馆、詹天佑纪念馆、泰州市梅兰芳纪念馆、青岛市康有为故居纪念馆、红线女艺术中心

三　活动时间及地点

时间：2017 年 11 月 23 日

地点：红线女艺术中心

四　日程安排

（一）2017 年 11 月 23 日上午 9：00，在中心小广场，与会嘉宾合影

（二）参观专题展览

1.《为了中华文明的发展：名人·名作·名物》（红线女艺术中心一楼）

2.《红线女的香港情结——红线女与香港》（红线女艺术中心二楼）

3.《红线女与中国当代著名作家及其文学名著》（红线女旧居）

（三）“与新时代同行——‘8+’文化名人展”揭幕仪式

开幕式由红线女艺术中心党支部书记练行村主持。

1. 红线女艺术中心主任蒙菁致欢迎辞

2. “8+”纪念馆代表——郭沫若纪念馆馆长赵笑洁发言

3. 广州市文化广电新闻出版局局长、党组书记陆志强发言

4. 领导嘉宾揭幕

领导嘉宾包括广州市原市长黎子流、陆志强局长、省政协常委黄小玲、省文联原副主席廖曙辉、省剧协常务副主席林金洲、著名潮剧表演

艺术家姚璇秋、著名粤剧艺术家欧凯明、郭沫若纪念馆馆长赵笑洁、红线女艺术中心主任蒙菁。

5. 战略合作协议签字仪式

宋夫龄故居、李大钊故居、北京鲁迅博物馆、郭沫若纪念馆、茅盾故居、老舍纪念馆、徐悲鸿纪念馆、梅兰芳纪念馆、李四光纪念馆、詹天佑纪念馆、泰州市梅兰芳纪念馆、青岛市康有为故居纪念馆、红线女艺术中心参加了签字仪式。

（四）艺术展演及参观展览

1. “8 +”纪念馆代表主题朗诵

2. 红派艺术传人表演

（1）粤曲《荔枝颂》

表演：郭凤女（国家一级演员，广东省中青年戏剧演员百花奖、广东省首届粤剧演艺大赛金奖获得者）

（2）粤曲《花好月圆》

表演：黎子流（广州市原市长，广州市振兴粤剧基金会会长）

苏春梅（广州粤剧院国家一级演员，中国戏剧梅花奖获得者）

伴奏：广州红豆粤剧团

（3）粤歌《红的倾情》

表演：欧凯明（广州粤剧院国家一级演员，中国戏剧梅花奖“二度梅”获得者）

音效：广州红豆粤剧团

3. 观看红线女主题微电影诗《你没有离去》

五　学习贯彻党的十九大精神座谈会

时间：2017 年 11 月 23 日下午

地点：红线女旧居（图一至图九）

图一　红线女艺术中心书记练行村主持开幕式

图二　红线女艺术中心主任蒙菁致欢迎辞

图三 广州市文化广电新闻出版局局长陆志强致辞

图四 郭沫若纪念馆馆长赵笑洁致辞

图五　与会嘉宾为“8 + ”文化名人展活动揭幕

图六　“学习贯彻十九大精神座谈会”现场

图七 “8 + ”名人故居纪念馆代表朗诵“名家名言”

名人展
代表主题朗诵

图八 广州市原市长黎子流参观展览

图九 参观展览的嘉宾合影

附录一

专题展览的展板设计

图一 “为了中华文明的发展：名人·名作·名物”专题展

图二 “红线女的香港情结——红线女与香港”专题展

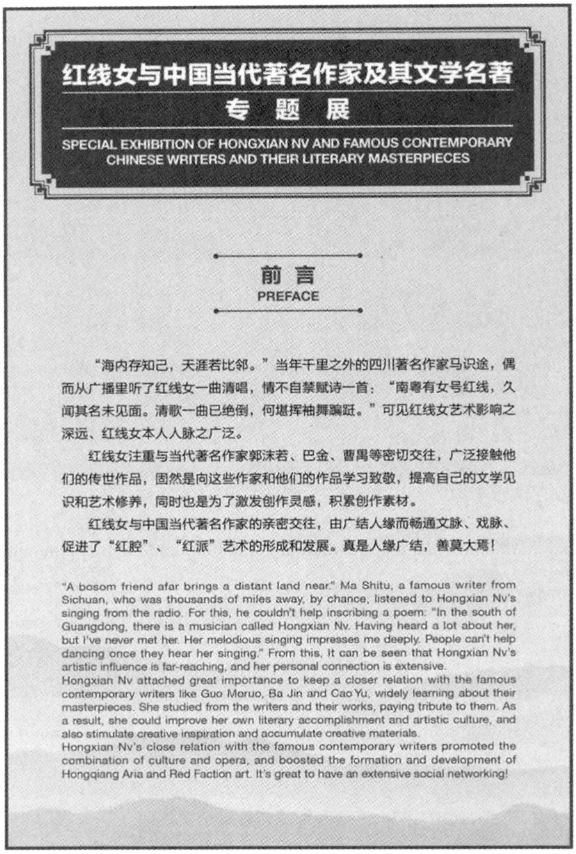

红线女与中国当代著名作家及其文学名著

专　题　展

SPECIAL EXHIBITION OF HONGXIAN NV AND FAMOUS CONTEMPORARY CHINESE WRITERS AND THEIR LITERARY MASTERPIECES

前　言

PREFACE

“海内存知己，天涯若比邻。”当年千里之外的四川著名作家马识途，偶而从广播里听了红线女一曲清唱，情不自禁赋诗一首：“南粤有女号红线，久闻其名未见面。清歌一曲已绝倒，何堪挥袖舞蹁跹。”可见红线女艺术影响之深远、红线女本人人脉之广泛。

红线女注重与当代著名作家郭沫若、巴金、曹禺等密切交往，广泛接触他们的传世作品，固然是向这些作家和他们的作品学习致敬，提高自己的文学见识和艺术修养，同时也是为了激发创作灵感，积累创作素材。

红线女与中国当代著名作家的亲密交往，由广结人缘而畅通文脉、戏脉、促进了“红腔”、“红派”艺术的形成和发展。真是人缘广结，善莫大焉！

"A bosom friend afar brings a distant land near." Ma Shitu, a famous writer from Sichuan, who was thousands of miles away, by chance, listened to Hongxian Nv's singing from the radio. For this, he couldn't help inscribing a poem: "In the south of Guangdong, there is a musician called Hongxian Nv. Having heard a lot about her, but I've never met her. Her melodious singing impresses me deeply. People can't help dancing once they hear her singing." From this, It can be seen that Hongxian Nv's artistic influence is far-reaching, and her personal connection is extensive.

Hongxian Nv attached great importance to keep a closer relation with the famous contemporary writers like Guo Moruo, Ba Jin and Cao Yu, widely learning about their masterpieces. She studied from the writers and their works, paying tribute to them. As a result, she could improve her own literary accomplishment and artistic culture, and also stimulate creative inspiration and accumulate creative materials.

Hongxian Nv's close relation with the famous contemporary writers promoted the combination of culture and opera, and boosted the formation and development of Hongqiang Aria and Red Faction art. It's great to have an extensive social networking!

图三　“红线女与中国当代著名作家及其文学名著”专题展

附录二

“与新时代同行——‘8 + ’文化名人展”欢迎辞

尊敬的各位领导、专家，“8 + ”名人故居纪念馆的各位代表以及粤剧界的朋友们：

大家上午好！今天我们欢聚在小剧场，共同迎来“与新时代同行——‘8 +’文化名人展”主题活动，在此，我代表红线女艺术中心，对您们的到来，表示热烈的欢迎和衷心的感谢！

今年是红线女艺术中心成立的第 21 个年头，我们继续以红派艺术为立足点，积极整合自身场馆优势资源，通过“走出去，请进来”，以常设展、巡展以及红线女舞台作品展映、红线女电影作品展映、对外交流等多种形式，定期组织公益文化活动，丰富市民文化生活，实现公益展览常态化。

红线女老师与“8 +”馆的名人们多有渊源，她注重与鲁迅、郭沫若、巴金、曹禺等当代著名作家的交往，广泛接触他们的传世作品，提高自己的文学见识和艺术修养，同时，从他们的作品例如《祝福》《屈原》《蔡文姬》《家》《秋》《火》《原野》《雷雨》《王昭君》等汲取灵感，积累创作素材，进而促进了“红腔”“红派”艺术的形成和发展。

近年来，红线女艺术中心成为了“8 +”名人故居纪念馆联盟的跨区域合作伙伴，进一步加强了文化交流互鉴。这次主题活动也是中心与“8 +”名人故居纪念馆首次联合举办的专题展，希望通过与各馆之间的文化交流，进一步达成战略合作，共享信息资源，开拓宣传渠道，促进名人故居纪念馆的共同发展。

正如党的十九大报告所说：“坚定文化自信，推动社会主义文化繁荣兴盛。”红线女艺术中心将不遗余力，让粤剧“红派”艺术彰显出鲜活的生命力及艺术价值，让中华优秀传统文化薪火相传。

谢谢大家！

附录三

“与新时代同行——‘8 + ’文化名人展”讲话稿

陆志强

尊敬的黎市长，尊敬的“8 +”名人故居纪念馆的代表，各位艺术家、朋友们：

大家上午好！

今天，我们相聚在红线女艺术中心举办的“与新时代同行——‘8 + ’文化名人展”活动，这是学习贯彻党的十九大精神，推动社会主义文化繁荣兴盛的一项具体举措，在此，我谨代表广州市文化广电新闻出版局，向本展览表示热烈的祝贺！同时，向全国各地远道而来以及所有莅临的领导和嘉宾表示热烈的欢迎！

文化是一个国家、一个民族的精神支柱，博大精深的中华文化，是中华民族凝聚力的强大内核。习近平总书记在党的十九大报告中强调：“没有高度的文化自信，没有文化的繁荣兴盛，就没有中华民族伟大复兴。要建设社会主义文化强国，深入挖掘中华优秀传统文化蕴含的思想观念、人文精神、道德规范，结合时代要求继承创新，让中华文化展现出永久魅力和时代风采。”

艺术大师红线女老师是岭南文化的杰出代表，是广东的“文化名片”。她说：“我的生命属于艺术，我的艺术属于人民。”这是红线女老师一生的光辉写照。红线女老师逝世后，红线女艺术中心秉承大师遗志，始终坚守粤剧这一方阵地，致力弘扬岭南文化的精髓，以高度的文化自信，以开放的姿态，主动走出去，积极迎进来，与“8 +”名人故居纪念馆开展馆际交流，主动肩负起研究与弘扬粤剧“红派”艺术的使命，取得的成绩受到社会各界的认可和肯定。我们希望红线女艺术中心永葆初心，通过举办这次活动，加强与“8 +”名人故居纪念馆的合作交流，为建设社会主义文化事业做出更大的贡献。

最后，预祝本次活动圆满成功！谢谢大家！

（根据现场录音整理）

附录四

“与新时代同行——‘8 +’文化名人展”讲话稿

赵笑洁

尊敬的黎子流老市长、陆志强局长、黄小玲常委、姚璇秋老师、黄俊英老师、练行村书记、蒙菁主任，各位领导、来宾和朋友们：

大家好！今天我们走进广州，来到了艺术大师红线女曾经工作、生活过的地方，我谨代表“8 +”名人故居纪念馆，对广州市文化广电新闻出版局和红线女艺术中心的大力支持表示衷心的感谢！对“与新时代同行——‘8 +’文化名人展”主题活动的开幕表示热烈的祝贺！

习近平总书记在党的十九大报告中说：“中国特色社会主义进入新时代，意味着近代以来久经磨难的中华民族迎来了从站起来、富起来到强起来的伟大飞跃，迎来了实现中华民族伟大复兴的光明前景。”在中国共产党的领导下，我们步入了新时代，比历史上任何时期都更接近、更有信心和能力实现中华民族伟大复兴的目标，同时，我们也更不能忘记在这条道路上不屈不挠、前仆后继奋斗过的仁人志士和文化先驱。

以“20 世纪的伟大女性”宋庆龄、“中国共产主义运动的先驱”李大钊、“民族魂”鲁迅、“文化巨匠”郭沫若、“中国现代文学泰斗”茅盾、“人民艺术家”老舍、“中国近代绘画之父”徐悲鸿、“杰出的京剧表演艺术家”梅兰芳、“新中国地质事业的开拓者”李四光、“中华民族铁路事业的开拓者”詹天佑为代表的中国近现代文化名人，在民族危亡之际不断地求知和行动，努力探索实现中华民族复兴的道路。红线女是我国当代艺术大师，“红派”艺术创始人，她曾演出由鲁迅小说《祝福》改编的粤剧《祥林嫂》，由郭沫若历史剧《屈原》《蔡文姬》改编的同名粤剧，还曾向梅兰芳请教梅派唱法，郭老评价她的歌声“荡气回肠”。他们都是时代的弄潮儿，他们的伟大精神将与新时代同行。

今天，我们共同举办“8 +”名人故居纪念馆的主题展览“为了中华文明的发展——名人·名作·名物”，希望通过对以上 11 位文化名人的人生历程和重要文物的展示，发掘名人故居纪念馆的馆藏史料和文物资源，真正做到习近平总书记指示的“让文物活起来”，将文化名人留给我们的宝贵文化遗产分享给社会各界，让他们的伟大精神永远流传下去！

最后，预祝这次展览活动圆满成功，谢谢大家！

文创天地

“8 +”名人故居纪念馆文化创意产品

根据国家对博物馆文创工作的要求，“8 +” 名人故居纪念馆文创开发的宗旨，是以追求良好的社会效益为主，旨在更好地宣传中华名人的民族精神；同时辅助博物馆开展文化宣传工作，通过文创，树立纪念馆的品牌形象。“8 +” 名人故居纪念馆与文博行业内外的文化创意设计企业积极接洽，探寻合作模式。通过共同研发文化创意产品，逐步摸索出合作、授权、独立开发等创新模式。在保证馆藏资源安全的前提下，目前已开发出一些创意产品。

在尝试开发新的文创产品的同时，“8 +” 名人故居纪念馆对原有纪念品库存进行了梳理。

2017 年，为了响应国家关于博物馆文化创意产品开发的号召，扩大“8 +”名人的文化影响，“8 +” 名人故居纪念馆以 10 位名人的故居、纪念馆的馆景手绘为设计元素，推出了首批 “名居” 系列文化创意产品，包括冰箱贴、文件夹、笔记本等。郭沫若纪念馆还推出了 “富贵砖” 系列文化创意产品，例如鼠标垫、杯垫、钱包等。这些文创产品均取得了较好的社会效益。

现将 “8 +” 名人故居纪念馆 2017 年的文化创意产品分类介绍如下。第一部分是 “名居” 系列文创手绘与相关产品。(图一至图一三)。

一 “名居”系列文创手绘与相关产品

绘图：程旭

图一 宋庆龄故居

图二 李大钊故居

图三　鲁迅旧居（北京鲁迅博物馆）

图四　郭沫若故居（郭沫若纪念馆）

图五　茅盾故居

图六　老舍故居（老舍纪念馆）

图七　徐悲鸿纪念馆

图八　梅兰芳旧居（梅兰芳纪念馆）

图九　李四光故居（李四光纪念馆）

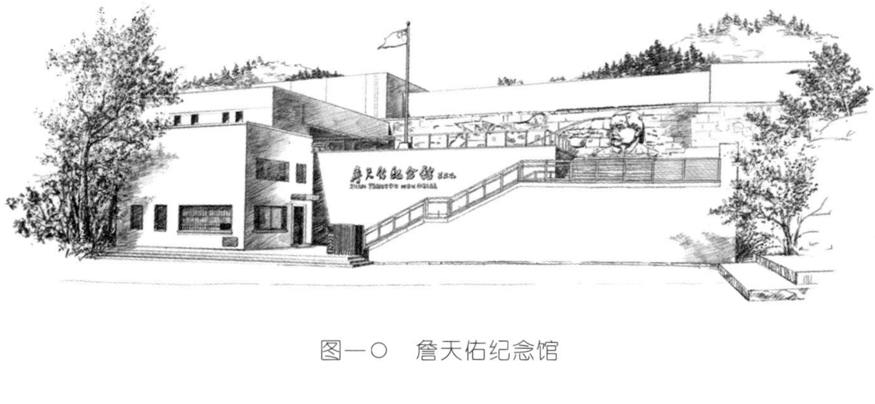

图一〇　詹天佑纪念馆

图一一　“8 + ”名人故居纪念馆冰箱贴

图一二　“8 + ”名人故居纪念馆文件夹

图一三 “8 +” 名人故居纪念馆笔记本

二 “富贵砖”系列文创产品

1940 年 4 月，郭沫若与卫聚贤、马衡、常任侠等人一起调查重庆嘉陵江北岸汉墓的发掘，查看了墓葬出土的陶器、铭文砖等文物，富贵

图一四 “富贵砖” 图案系列文创产品

砖为其中之一。郭沫若曾为富贵砖的拓片做题跋，拓片现藏郭沫若纪念馆。郭沫若纪念馆以富贵砖的图案为设计元素，推出了一批文创产品（图一四）。

三　参加文创展示活动

2017 年 8 月 23 日至 27 日，北京“8 + ”名人故居纪念馆参加了第 24 届北京国际图书博览会和全国博物馆文化创意产品博览会，并且在北京中国国际展览中心新馆（新国展）专设展台，展示文创产品（图一五）。

2017 年 9 月 11 日至 13 日，北京“8 + ”名人故居纪念馆又参加了第 12 届北京国际文化创意产业博览会，在北京中国国际展览中心专设

图一五　郭沫若纪念馆参加全国博物馆文化创意产品博览会

图一六　北京“8 +”名人故居纪念馆参加第 12 届北京国际文化创意产业博览会

展台，展示文创产品（图一六）。

通过参加各种文创展示活动，“8 +”名人故居纪念馆既开阔了视野，又向兄弟单位学习了宝贵经验，这些都为今后文化创意产品的开发打下良好基础。

（郭沫若纪念馆王静整理）

詹天佑纪念馆文创产品

1. 京张铁路四季书签

这款产品的创意来自京张铁路沿线的四季风景。一列火车行驶在中国自己修建的第一条干线铁路——京张铁路上，穿过居庸关花海。线路两旁的风景四季不同，各有特色（图一）。

2. 詹天佑名言书签

本产品创意来自詹天佑的两句名言。名言出自詹天佑发表的著名文章《敬告青年工学家》，文中言辞恳切、循循善诱地向广大青年学子阐述了为人处世的道理（图二）。

3. 詹天佑卡通形象原子笔

这款产品的创意来自我国民族铁路事业开拓者、中国近代科学技术界先驱——詹天佑。产品把詹天佑的形象卡通化，并且结合实用功能，增加了产品的吸引力（图三）。

4. 詹天佑卡通形象手机支架

本产品融合了詹天佑卡通形象、詹天佑名言两种设计元素，外形精致美观，实用性很强（图四）。

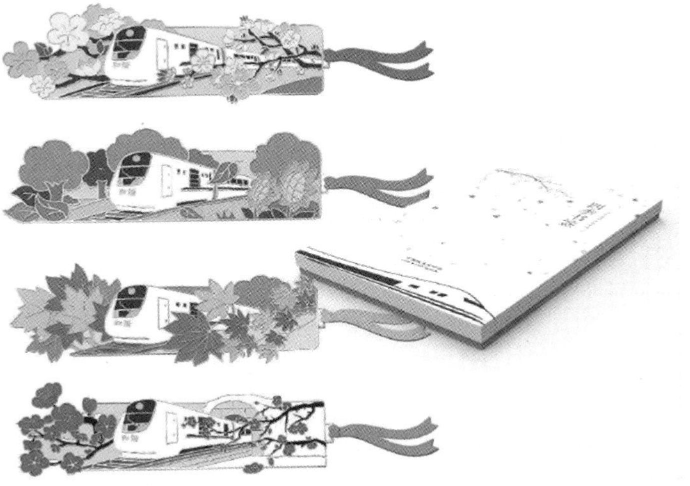

图一 京张铁路四季书签

图二 詹天佑名言书签

图三　詹天佑卡通形象原子笔

图四　詹天佑卡通形象手机支架

5. 耶鲁大学金质奖章

詹天佑在美国耶鲁大学学习时，由于数学成绩优异，连续两年获得年级第一名，因此耶鲁大学颁给詹天佑数学金质奖章。该奖章现收藏于詹天佑纪念馆，为国家一级文物。本产品按照原件外观设计而成，是非常受观众欢迎的一款文创产品（图五）。

6. 詹天佑徽章丝巾

本款产品从詹天佑获得的耶鲁大学金质奖章和北洋政府时期颁发的二等“宝光嘉禾勋章”中获得灵感，汲取精华设计而成。这两枚奖章分别见证了詹天佑赴美留学期间取得的优异成绩和在中国铁路建设中做出的突出贡献。设计主题采用花形图案，也象征铁路事业花团锦簇、蓬勃发展（图六）。

7. 京张铁路文化丝巾

这款产品分为大方巾和长巾两种，产品创意均来自京张铁路沿线四季的风景。

主体图案为一列火车行驶在中国自己修建的第一条干线铁路——京张铁路上，穿过居庸关长城。线路两旁的风景四季不同，“春有百花秋有月，夏有凉风冬有雪”，各具特色（图七、图八）。

8. 青龙桥车站3D模型拼图

本款产品的创意来自京张铁路百年老站——青龙桥火车站。产品材质为纸质，集青龙桥火车站主体建筑、詹天佑铜像、“长城号”列车和“人”字形铁路等元素于一体。在进行青少年科普社教活动时，适合作为教具使用（图九）。

图五　詹天佑获得的耶鲁大学金质奖章的复制品

图六　詹天佑徽章图案丝巾

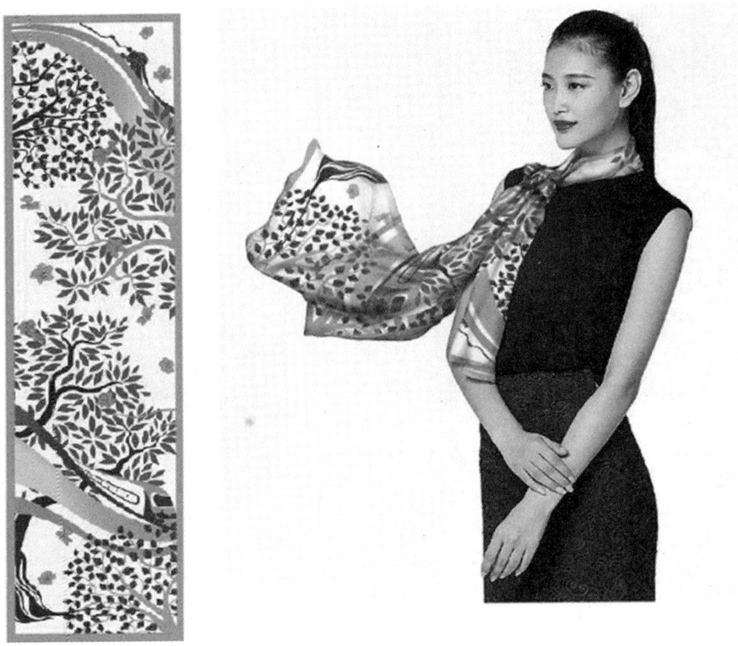

图七　京张铁路文化丝巾

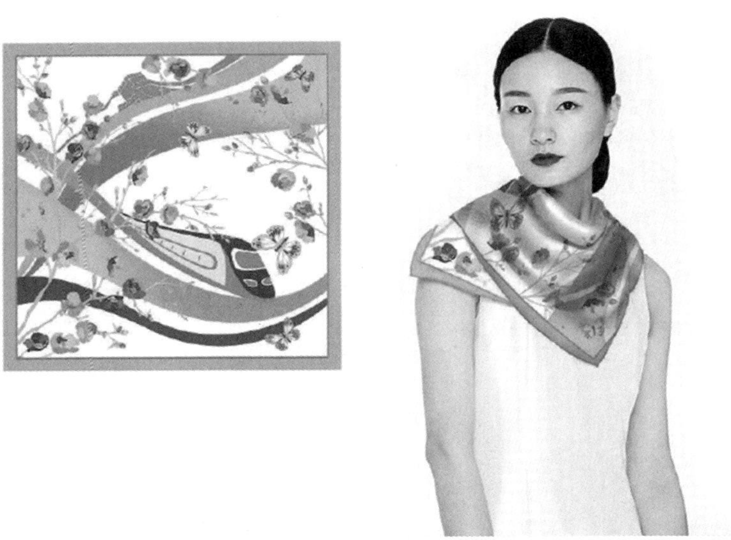

图八　京张铁路文化丝巾

图九　青龙桥车站 3D 模型拼图

资讯动态

2017年"8 +"名人故居纪念馆主要展览

一 "致敬茅盾"展览在郭沫若纪念馆举办

茅盾（1896—1981），原名沈德鸿，字雁冰，浙江省桐乡市乌镇人。茅盾是我国现代著名的小说家、文学评论家、文化活动家、社会活动家，曾创作《子夜》《林家铺子》《春蚕》以及《蚀》三部曲等大量杰出的文学作品。中华人民共和国成立后，茅盾出任新中国第一任文化部部长、第一届作家协会主席。

1916 年，年仅 20 岁的茅盾入职上海商务印书馆编译所。在五四运动的影响下，他高举新文化大旗，组织、发表了大量倡导和实践新文化的作品。在认识和接受世界先进思想的同时，茅盾投身实际的社会变革，成为中国共产党最早的党员之一，并曾担任中共中央联络员，为党的早期建设做出了重要贡献。

商务印书馆是茅盾一生文学和革命起步的地方。在十年的编辑生涯中，茅盾从一个追求进步的青年，成长为中国现代文学的标志性人物。为了纪念茅盾诞辰 120 周年和入职商务印书馆 100 周年而举办的这次图片文献展，旨在追寻和怀念茅盾一生走过的光辉道路（图一）。

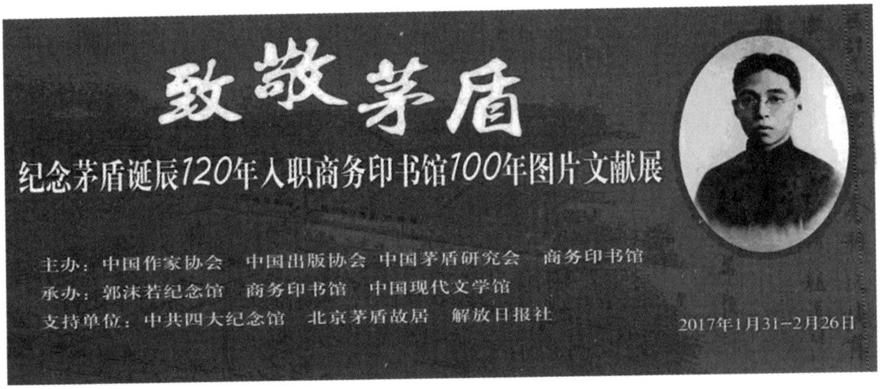

图一 “致敬茅盾”展览宣传页

2017 年 1 月 31 日至 2 月 26 日，由中国作家协会、中国出版协会、中国茅盾研究会、商务印书馆主办，郭沫若纪念馆、商务印书馆、中国现代文学馆承办的“致敬茅盾”展览，在郭沫若纪念馆西院展厅举行。

这次展览在郭沫若纪念馆举办，有着特殊的意义。郭沫若和茅盾是中国现代文化史上交相辉映的“双子星座”，他们有着很多相似之处，并且从相识、相知到相携。他们每一部著作无不是民族解放和独立的精神宣言。郭沫若的诗集《女神》用声嘶力竭的呐喊，希冀建构起一个经过涅槃重获新生的时代。茅盾的小说《子夜》用波谲云诡的人物命运描写，力图揭示出中国社会发展的必然趋势。郭沫若和茅盾在民族危亡的时刻肝胆相照，荣辱与共，成为现代知识分子人格展现的典范和楷模。

展览分为两部分，一部分围绕着茅盾生平以及他在商务印书馆的工作经历，另一部分围绕郭沫若与茅盾的“笔剑无分同敌忾，胆肝相对共筹量”的伟大精神。这两方面内容共同展示了中华民族优秀的文化传统和精神风貌，展示了他们在反帝反封建、抗日战争和新中国文化建设中所构建的丰功伟绩（图二、图三）。

图二　“致敬茅盾”展览现场

图三　茅盾部分作品展示

二 “中华名人展”加拿大展隆重开幕

由加拿大不列颠哥伦比亚大学亚洲系、中加创新交流协会、北京八家名人故居纪念馆联合主办的“中华名人展”，于2017年4月3日在加拿大不列颠哥伦比亚大学亚洲系礼堂隆重开幕（图四）。

图四 “中华名人展”加拿大展活动人员合影

中华人民共和国驻温哥华总领事馆副总领事孔玮玮、温哥华市政府伊丽莎白·鲍尔议员、大不列颠哥伦比亚大学波斯·金教授、中方代表团团长——郭沫若纪念馆副馆长刘曦光、北京市文物局副局长向德春分别在开幕式上致辞。

开幕式结束后，举行了“漫谈20世纪中国文化名人的精神内涵及现实意义”的学术研讨会。中方代表团梅兰芳纪念馆馆长刘祯研究员、中国郭沫若研究会副会长魏建教授、老舍纪念馆王红英馆长、郭沫若纪念馆张勇研究员分别做了主题发言。加方由李盈教授、加拿大华裔作家协会执行会长梁丽芳博士、加拿大华裔作家协会会长陈浩泉先生分别发言。

加拿大不列颠哥伦比亚大学王健教授主持了开幕式以及学术研讨会。来自不列颠哥伦比亚大学亚洲系的师生、中外文化友好人士50余人参加了展览活动和学术研讨。此次活动对于推动中加文化交流，传播20世纪中华文明以及文化名人精神内涵、宣传当代中国文化都起到了重要的作用。

三 《京津冀名人故居纪念馆协同发展协议书》签署

2017年4月20日，由天津市文化广播影视局主办，天津博物馆、李叔同故居纪念馆承办，北京鲁迅、李大钊、郭沫若、老舍、茅盾、梅兰芳、齐白石故居纪念馆，天津梁启超、曹禺故居纪念馆，河北省李大钊、荀慧生、孙犁12家故居纪念馆共同协办的《秀蕴斯宅——京津冀近代文化名人故居风貌展》，在天津博物馆隆重开幕。京津冀三地名人故居纪念馆牵头单位共同签署了《京津冀名人故居纪念馆协同发展协议书》（图五）。

这是三地首个以集中反映名人生平及故居面貌为主题的展览。该展览共展出历史图片600余张，以"地域"划分为京、津、冀三个单元，脉络清晰、内容丰富。展览以"故居"为载体，一方面，通过展示三地故居建筑之美，带领观众领略三地文化风貌；另一方面则对各故居主人的历史文化贡献加以梳理，凸显其在中国近代文化史上的重要影响。通过解读展览，公众可在充满三地故居风情的文化空间里，寻找到各故居主人的文化足迹，感受京津冀"地域一体、文化一脉"的丰富内涵。

该展览自筹备至今，历经半年多的时间。借助该展览，京津冀三地主要的文化名人故居纪念馆频繁交往，密切交流。经过商议，由天津李叔同故居纪念馆、北京郭沫若纪念馆、河北李大钊纪念馆共同作为牵头单位，协议创办“京津冀名人故居联盟”。该联盟旨在积极响应国家“京津冀协同发展”战略，为三地名人故居的业务交流、资源共享搭建新的平台，从而实现三地名人故居的集团化发展与社会影响的几何增长。该倡议发出后，得到三地20余家故居纪念馆的积极响应。活动当日上午，各故居纪念馆代表齐聚天津博物馆，参与了展览开幕活动，共同见证了三地合作协议的签订，并讨论交流了战略合作框架下的可持续发展（图六）。与会者还调研参观了天津的李叔同故居纪念馆、曹禺故居纪念馆和梁启超故居。

在“5·18国际博物馆日”前夕，三地名人故居纪念馆代表还将在北京郭沫若纪念馆举办的“8+”名人故居纪念馆“国际博物馆日”主题活动上，共同发出《京津冀名人故居纪念馆协同发展倡议书》。

图五　三地代表签署《京津冀名人故居纪念馆协同发展协议书》

图六　签署协议书活动现场

四　“为了中华文明的发展——名人·名作·名物”展在青岛康有为故居纪念馆展出

在“5·18国际博物馆日”前夕，北京八家名人纪念馆主题展览首次访问青岛。2017年5月3日至4日，来自北京、天津、广州、泰州等地的名人故居纪念馆的工作人员，来到青岛康有为故居纪念馆参观展览，并参加“名人故居的发展现状与展望”研讨会（图七、图八）。

展览分为“名人”“名作”“名物”三个部分。其中“名人”讲述文化名人的生平，勾勒出他们波澜壮阔的人生轨迹；“名作”介绍文化名人的代表作品，以及他们为祖国、为世界留下的不可磨灭的精神遗产和文化遗产；“名物”展示了名人故居纪念馆所收藏的珍贵文物，讲述文物背后的故事。

主办方希望通过展出的 300 余幅文化名人的珍贵历史照片以及近 50 件（套）馆藏精品，为青岛观众营造一个更好地了解文化名人、感悟传统文化的机会（图九）。

此次展览由北京市文物局、北京博物馆学会、中共北京市西城区委宣传部、青岛市文物局主办，宋庆龄故居、李大钊故居、北京鲁迅博物馆、郭沫若纪念馆、茅盾故居、老舍纪念馆、徐悲鸿纪念馆、梅兰芳纪念馆、青岛康有为故居纪念馆承办。

本展览旨在通过对文化名人的人生历程、革命实践、历史遗存以及重要文物的展示，来学习、继承和发展以这些名人为代表的中华民族精神、爱国情怀、价值取向、奋斗精神，增强我们的民族自豪感和使命感。本次展览也是发掘名人故居纪念馆的馆藏史料、文物资源，真正做到“让文物活起来”的一次可贵尝试。

图七　“为了中华文明的发展——名人·名作·名物”展览现场

图八　“名人故居的发展现状与展望”研讨会

图九　参加展览和会议的部分人员

五　“8 + ”故居纪念馆三部书籍喜迎博物馆日

1.《文化名人与文化景观——2016 年北京八家名人故居纪念馆活动纪实》

由北京八家名人故居纪念馆编著，赵笑洁任主编、张勇任执行主编的《文化名人与文化景观——2016 年北京八家名人故居纪念馆活动纪实》，于 2017 年 4 月底由中国社会科学出版社出版发行。

该书主要由理论前沿、影像手札、走进故居、媒体视野、经典案例、漫说八馆等几个栏目组成。其中理论前沿主要是对文化名人精神内涵以及博物馆理论等方面的学术研究；影像手札主要记录了参与展览活动同人的所思、所想和所感；走进故居则选取了不同类别参观者对文化名人故居的感受；媒体视野主要是整理了媒体对于八家名人故居的工作人员和专家的访谈；漫说八馆则用动漫的形式展示了北京八家名人故居的风貌。

《文化名人与文化景观——2016 年北京八家名人故居纪念馆活动纪实》的出版，既有利于提升北京八家名人故居的文化内涵，也进一步增强了北京八家名人故居的社会影响力（图一〇）。

2.《历史足迹：文化名人与北京》

由北京八家名人故居纪念馆编著，赵笑洁任主编、张勇任执行主编的《历史足迹：文化名人与北京》，于 2017 年 4 月底由中国社会科学出版社出版发行。

该书是继《时代之音：读名人名言　听文物故事》之后，所推出的第二本北京八家名人故居纪念馆文化读本。该书主要是通过寻找八位文化名人在北京社会的足迹，探寻他们的精神内涵，以此激励当下读者，不忘初心，继续前行。书中以图文并茂的形式，勾勒出宋庆龄、李

图一〇 2017 年“8＋”故居纪念馆出版的三本书

大钊、鲁迅、郭沫若、茅盾、老舍、徐悲鸿和梅兰芳等八位文化名人在北京生活的场景，以通俗的文字叙述，展现了文化名人忧国忧民的爱国情怀和文化担当，也通过介绍他们点滴的生活事件，还原了一个个有声有色、有血有泪的历史人生。

3.《戏里戏外：郭沫若与老舍戏剧艺术创作交往学术论文集暨展览纪实》

为了深化郭沫若与老舍戏剧创作的比较研究，并缅怀郭沫若与老舍的深厚友谊，由赵笑洁主编的《戏里戏外：郭沫若与老舍戏剧艺术创作交往学术论文集暨展览纪实》，于 2017 年 5 月由当代中国出版社出版发行。

该书主要由学术研讨、学者影像、展览现场以及展板设计四个部分组成，全面介绍了 2016 年 7 月 27 日至 29 日在内蒙古自治区呼伦贝尔市海拉尔举行的“戏里戏外：郭沫若与老舍戏剧艺术创作及交往展”暨学术研讨会的盛况。

该书的出版，使我们更加全面和深刻地认识了郭沫若和老舍历史剧创作的美学价值和时代内涵，也对二者之间的社会关系进行了梳理。书中谈到了郭沫若与老舍留下的作品对中国现代社会发展、文化建设等方面的深刻影响，同时也呈现了他们二人“交游肝胆露，富贵马牛风”的可贵人生情谊。

六　“8＋”名人故居纪念馆召开2017年度工作会议

2017年10月12日上午，“8＋”名人故居纪念馆2017年度工作会议顺利召开。会议总结了2017年前三季度“8＋”名人故居纪念馆工作情况，从今年李四光纪念馆、詹天佑纪念馆加入“八家”联盟，“八家”升级为“8＋”以来，2017年前三季度共成功在国内外举办展览、巡展9次，会议、活动、学术研讨13次，文创研发交流4次，共计26次。此外，编辑出版文化读本、学术书籍3本。

主要活动包括在加拿大不列颠哥伦比亚大学（UBC大学）举办“中华名人展”及学术研讨会，在郭沫若纪念馆举办纪念“5·18国际博物馆日”、“8＋”名人故居纪念馆2017年主题展览和活动启动仪式，北京“8＋”名人故居纪念馆文创产品在北京国际展览中心参加第12届中国北京国际文化创意产业博览会展示等合作项目，都取得良好效果。此外，共同发起成立京津冀名人故居纪念馆联盟，携手北京高校博物馆联盟开展深度合作。

会上大家还对2017年第四季度以及2018年“8＋”名人故居纪念馆进一步合作进行了热烈的讨论，并且对2018年计划出版的文化读本和学术书籍的供稿、撰写工作进行了安排（图一一）。

参加此次会议的“8＋”联盟成员单位有宋庆龄故居、李大钊故居、北京鲁迅博物馆、郭沫若纪念馆、茅盾故居、老舍纪念馆、徐悲鸿纪念馆、梅兰芳纪念馆、李四光纪念馆、詹天佑纪念馆。

图一一　“8 +”名人故居纪念馆 2017 年度工作会议现场

七　“8 +”文化名人相聚广州

2017 年 11 月 23 日，由北京市文物局、北京博物馆学会、中共北京市西城区委宣传部、广州市文化广电新闻出版局主办，“8 +”名人故居纪念馆、红线女艺术中心承办的“与新时代同行——‘8 +’文化名人展”主题活动在广州红线女艺术中心举办。

红线女艺术中心与“8 +”名人故居纪念馆代表签署战略合作协议，就文化交流、学术研究、宣传展览、影视制作、出版发行、人才交流等领域的合作达成共识，为共享信息资源、开拓宣传渠道、搭建交流平台以及加强各馆之间的互动与合作打下坚实的基础。

本次专题展览包括《为了中华文明的发展：名人 · 名作 · 名物》《红线女的香港情结——红线女与香港》《红线女与中国当代著名作家及其文学名著》，旨在宣传 11 位中华文化名人的伟大精神、巨大贡献和现实意义（图一二）。

11 月 23 日下午，“与新时代同行——‘8 +’文化名人馆学习贯彻十九大精神座谈会”在红线女旧居举行。“8 +”名人故居纪念馆代表与红线女艺术中心就名人故居纪念馆的可持续发展、展览陈列、学术研究等问题进行了深入交流，并对名人类博物馆的发展进行了分析和展望，与会者一致认为，在业务交流、资源共享领域搭建平台，结成联盟，协同发展，才能满足观众日益增长的文化需求。

本次活动的参会单位有北京市文物局宣教中心、中共北京市西城区委宣传部、宋庆龄故居、李大钊故居、北京鲁迅博物馆、郭沫若纪念馆、茅盾故居、老舍纪念馆、徐悲鸿纪念馆、梅兰芳纪念馆、李四光纪念馆、詹天佑纪念馆、泰州市梅兰芳纪念馆、青岛市康有为故居纪念馆、红线女艺术中心等。社会各界人士参加了开幕式，并且参观了本次展览（图一三）。

图一二　“与新时代同行——‘8 +’文化名人展”开幕式

图一三　社会各界人士参观展览

八　“8 +”召开“名人故居纪念馆创新性发展研讨会”

2017 年 12 月 14 日，“8 +” 名人故居纪念馆召开了 “名人故居纪念馆创新性发展研讨会”。2017 年 “8 +” 活动主持单位——郭沫若纪念馆的赵笑洁馆长在会上总结了 2017 年 “8 +” 名人故居纪念馆的合作情况，并重点介绍了 2018 年合作工作的要点（图一四）。

2017 年，“8 +” 联盟成功举办活动 30 余次，包括展览、巡展 10 次，举办和参加重要会议、活动、学术研讨 21 次。2018 年将继续开展专题展览、巡展、文化活动、编辑出版、文创产品和会议讲座等方面的工作。

与会代表就本年度工作和明年的工作展望进行了热烈讨论，提出了

图一四　“名人故居纪念馆创新性发展研讨会”参会人员

许多创新性思路，并一致表示将集思广益，团结共进，让“8+”联盟得到进一步的发展，再上更高的台阶。

此外，会议还对2018年即将出版的“8+”系列图书稿件进行了讨论。

与会者包括“8+”名人故居纪念馆联盟的代表单位：宋庆龄故居、李大钊故居、北京鲁迅博物馆、郭沫若纪念馆、茅盾故居、老舍纪念馆、徐悲鸿纪念馆、梅兰芳纪念馆、李四光纪念馆、詹天佑纪念馆、红线女艺术中心的代表，还有中共北京市西城区委宣传部代表、“8+”的合作伙伴——天津李叔同故居纪念馆代表和中国社会科学出版社责任编辑等30余人。

2017年“8 +”名人故居纪念馆大事记

2017 年，由郭沫若纪念馆牵头，“八家”联盟升级为“8 +”联盟，成员在原来八家故居纪念馆的基础上，新加盟了北京地区的李四光纪念馆、詹天佑纪念馆，外省市的青岛康有为纪念馆、广东红线女艺术中心。还有泰州梅兰芳纪念馆、重庆郭沫若纪念馆，共同发起成立了京津冀名人故居纪念馆联盟。全年共成功举办展览、巡展 10 次，举办和参加重要会议、活动、学术研讨 18 次，文创交流 4 次，共计 31 次。

一 展览、巡展

1. “中华名人展”加拿大展（加拿大）

2. “秀蕴斯宅——京津冀文化名人故居风貌展”（天津）

3. “为了中华文明的发展——名人・名作・名物展”（青岛）

4. “为了中华文明的发展——名人・名作・名物”“传承与创新——名人与古籍展”（北京郭沫若纪念馆）

5. “为了中华文明的发展——名人・名作・名物”（巡展，北京交通运输职业学院大兴校区、通州校区、海淀校区）

6. “为了中华文明的发展——名人・名作・名物”（巡展，北京交通委员会）

7.“为了中华文明的发展——名人·名作·名物”（巡展，北京第十一中学分校）

8.“博物馆人（之友）眼中的文创”展（北京郭沫若纪念馆）

9.2017年11月23日，由“8+”名人故居纪念馆联盟发起的“与新时代同行——‘8+’文化名人展”主题活动在广州红线女艺术中心举办，“8+”名人故居纪念馆与红线女艺术中心签署战略合作协议，就学术研究、宣传展览、出版发行等领域的合作达成共识。同日，“与新时代同行——‘8+’文化名人馆学习贯彻十九大精神座谈会”在红线女旧居举行。

二　会议、活动、学术研讨

1.2017年2月7日，“八家”联盟增加李四光纪念馆、詹天佑纪念馆，升级为“8+”联盟。

2.2017年3月1日，在郭沫若纪念馆召开“博物馆文创品研发工作调研座谈会”。

3.2017年4月1日至6日，在加拿大不列颠哥伦比亚大学（UBC大学）举办“中华文化名人展”及学术研讨会。

4.开展第十届“清明时节缅怀名人走进故居”系列活动。

5.2017年4月6日至9日，召开“文化名人故居战略合作暨泰州梅兰芳纪念馆成立30周年学术研讨会”。

6.2017年4月20日，郭沫若纪念馆代表北京地区的名人故居纪念馆，与天津、河北的名人故居纪念馆代表共同签署了协同发展的战略协议书。

7.2017年5月3日至5日，举办青岛“名人故居纪念馆现状与发展”研讨会。

8.2017年5月16日，举行第25届5·18国际博物馆日“8+”名人故居纪念馆2017年主题展览和活动启动仪式。京津冀名人故居纪念馆代表在活动上联合发出《京津冀名人故居纪念馆协同发展倡议书》。

9. 2017年6月19日，“8+”名人故居纪念馆在中国传媒大学博物馆召开“8+名人故居纪念馆联盟与高校博物馆联盟合作研讨会”。

10. 2017年8月10日，举行“乡村·中国梦”爱心公益活动。

11. 2017年9月5日，“8+”名人故居纪念馆在北京博物馆学会非国有博物馆专业委员会成立大会上发言。

12. “8+”名人故居纪念馆联盟与高校博物馆联盟商谈合作项目。

13. 北京市文物局主管文创工作的副局长向德春到郭沫若纪念馆，座谈“8+”文创工作，并参观了“博物馆人（之友）眼中的文创”展览。

14. 2017年10月12日，“8+”名人故居纪念馆在郭沫若纪念馆召开第1—3季度工作总结会，并且制订下一步工作计划。

15. 2017年11月9日，在北京财贸职业学院召开合作项目座谈会。

16. 2017年11月11日，在中国传媒大学参加“第十四届中国高校博物馆学术研讨会暨第三届中国高校博物馆馆长论坛”，并做大会发言。

17. 2017年11月13日，在中国园林博物馆举办的“让文物活起来——京津冀、珠三角、长三角博物馆高端论坛”上，点评和介绍“8+”联盟。

18. 2017年12月14日，在中国社会科学院博源宾馆召开“名人故居纪念馆创新性研讨会”。

三　文创交流

1. 2017年8月23日至27日，北京“8+”名人故居纪念馆文创产品在新国展设展台，参加第24届北京国际图书博览会和全国博物馆文化创意产品博览会展示。中国社会科学院副秘书长韩大川等到展台参观交流。

2. 2017 年 9 月 11 日至 13 日，北京“8 +”名人故居纪念馆文创产品在北京国际展览中心参加第 12 届中国北京国际文化创意产业博览会展示。中共北京市委宣传部部长杜飞进、北京市副市长王宁、北京市文物局局长舒晓峰到展台参观交流。

3. 2017 年 9 月 11 日至 19 日，由“8 +”名人故居纪念馆联盟主办、郭沫若纪念馆承办的“博物馆人（之友）眼中的文创”展览在纪念馆举办。展览期间，20 余位外国汉学家参观了展览，并捐赠本国文创产品。

4. 北京市文物局主管文创工作的副局长向德春到郭沫若纪念馆，座谈“8 +”联盟文创工作。

（郭沫若纪念馆赵欣悦整理）

后　　记

2017年是北京八家名人故居纪念馆发展历史上非常重要的一年，这一年里，我们见证了中国共产党第十九次全国代表大会的胜利召开，以此为引领，我们的工作有了更加坚定的发展方向。这一年里，我们合作的主体完成了从“八家”到“8+”的转型，以此为契机，我们的合作有了更加充足的文化资源。这一年里，我们逐步实现了展览与学术的融合，以此为目标，我们有了更加坚实的理论根基。

因为经历，所以精彩。2017年北京“8+”文化名人故居活动文集的编排在延续以往重要栏目的基础上，又根据2017年工作重点的不同有所创新和变化。

学术研究是近年来北京“8+”文化名人故居提升自我、拓展空间的重要途径，只有将展览展示的实践成果转化为理论的指引，我们的文化活动才能形成完备的体系，进而提升展示水准。“理论前沿”集中推出了一系列有关文化名人故居理论的论文。这些论文角度新颖，论述详细，不仅有博物馆学理论层面的阐释，还有对文化名人故居发展中现实问题的剖析，具有较强的针对性和现实性。“影像手札”呈现了文博人在巡展路上的所思所感，他们以策展人的眼光做出独有的文化反思。每年都有很多志愿者服务于文化名人故居，“志愿之声”栏目的设置，就是为了传递文化名人故居中“最可爱的人”的心声。志愿者们用火一样的热情，无私地、默默地奉献着自己，感染着别人。虽然这些声音有些还比较稚嫩，有些还比较直白，但这是他们人生美好的一段回忆，也是最真实的成长之路。“文创天地”栏目以图文并茂的形式，集中展示“8 +”文化名人故居共同开发和各自研创的文化创意产品。这些产品的出现，使文化名人的精神内涵更加丰富而形象。

“寄语洛城风日道，明年春色倍还人。”2017 年是“8 +”文化名人故居的起航之年，随着合作范围的不断拓展，宣传主题的不断深化，我们相信，在未来的共同发展中，“8 +”文化名人故居的工作者将会以更加艳丽夺目的姿态奉献自我，服务社会，投身于全面建设新时代中国特色社会主义的伟大征程。

编　者

2018 年春于北京